Ingrid und Annette Früchtel

Natürliche Vorratshaltung in der Vollwertküche

Einmachen, Einsäuern, Dörren
und Einfrieren von Obst, Gemüse,
Pilzen und Kräutern.
Erprobte Rezepte und praktischer Rat.

GU
Gräfe und Unzer

Umschlagfotos
Vorderseite: Die Ernte des Sommers wird zu köstlichen Vorräten. Milchsauer eingelegter Sellerie, Gurken, rote Rüben und Möhren, Rezepte Seite 26 und 27. Getrocknete Gemüse, Pilze und Kräuter, Rezepte Seite 48, 50, 51. Feine Marmeladen ohne Zucker, Rezepte Seite 79–83.
2. Umschlagseite: Getrocknete Gemüse, Pilze und Kräuter sind eine hervorragende Grundlage für vollwertige Gerichte, Rezepte Seite 73–78.
3. Umschlagseite: Das Heißeinfüllen von Obst ist eine wenig bekannte, jedoch sehr einfache Methode, Rezepte Seite 100 und 101.
Rückseite: Getrocknete Früchte und Nüsse schmekken als Konfekt, in Kuchen und Gebäck sowie pikant zubereitet gleichermaßen gut, Rezepte Seite 45. Heißeingefüllte Kirschen, Äpfel und Birnen, Rezepte Seite 101. Schlehensaft, Rezept Seite 98.

CIP-Kurztitelaufnahme der Deutschen Bibliothek

Früchtel, Ingrid:

Natürliche Vorratshaltung in der Vollwertküche: Einmachen, Einsäuern, Dörren u. Einfrieren von Obst, Gemüse, Pilzen u. Kräutern; erprobte Rezepte u. prakt. Rat / Ingrid u. Annette Früchtel. - 1. Aufl. - München: Gräfe und Unzer, 1986. -

ISBN 3-7742-2027-1

NE: Früchtel, Annette:

1. Auflage 1986

Redaktion: Antje Schunka-Späth
Herstellung: Robert Gigler
Farbfotos: Susi und Pete A. Eising
und Fotostudio Teubner (Seite 54)
Zeichnungen: Gerlind Bruhn
Umschlaggestaltung: Heinz Kraxenberger
Reproduktionen: Brend'amour, Simhart & Co.
Satz und Druck: Georg Appl
Bindung: R. Oldenbourg.

ISBN 3-7742-2027-1

Ingrid Früchtel

erhielt die ersten Anstöße zur Beschäftigung mit naturgemäßer Ernährung durch Literatur über den Wert der Getreidekost und durch gesundheitliche Probleme. Hinzu kam der Wunsch, die Erträge aus dem eigenen großen Garten möglichst naturbelassen zu verarbeiten. Der Erfolg in der Praxis stellte sich bald ein. Zivilisationskrankheiten verschwanden, die Leistungsfähigkeit besserte sich, auch schwerste Gartenarbeit wurde mühelos bewältigt. Ihre bisher erschienenen sehr erfolgreichen Bücher »Das Ingrid-Früchtel-Vollkorn-Kochbuch«, »Das vegetarische Kochbuch« und »Das Ingrid-Früchtel-Vollkorn-Backbuch« machten die Autorin zu einer anerkannten Autorität auf dem Gebiet der Vollwertkost.

Annette Früchtel

Referendarin, als Tochter von Ingrid Früchtel mit Vollwertkost aufgewachsen, hat zum Thema »Vorratshaltung« vorwiegend den Ratgeberteil geschrieben.

Inhalt

Inhalt

Ein Wort zuvor

Selbstgemachte Vorräte stehen heute wieder hoch im Kurs. Erst vor kurzem konnte man in der Zeitung lesen, daß Hausfrauen beispielsweise in Deutschland jährlich etwa 450000 Tonnen Obst einmachen oder zu Marmeladen, Gelees und Säften verarbeiten. Ganz aktuell ist der Wunsch, köstliche Vorräte auf natürliche Art selbst herzustellen, denn es gibt für eine vernünftige Vorratshaltung auch in der Vollwertküche genügend gute Gründe. Anders als bei den herkömmlichen Konservierungsmethoden geht es hier darum, den Vitamin- und Mineralstoffgehalt, die Struktur der Proteine und die natürlichen Aromastoffe so weit wie möglich zu bewahren.
Dieser neue Band der erfolgreichen Reihe »Die kleinen Vollwert-Kochbücher« ist das preiswerte, praktische Buch zum Thema »natürlicher Vorrat«. Es bringt allen, die vollwertig »einmachen« wollen, die oft gesuchten unkomplizierten Anleitungen und umfassenden Rat zum Einsäuern, Dörren und Einfrieren von Obst, Gemüse, Pilzen und Kräutern, zur Herstellung von Marmelade und Saft.
Wer sich vollwertig ernähren will, der möchte in erster Linie alles so frisch wie möglich auf den Tisch bringen. Doch nur die Qualität der ausgereiften Gartenfrüchte, die wir selbst ernten oder aus alternativem Anbau beziehen, ist unübertrefflich. Was uns dagegen außerhalb der Saison angeboten wird – und es gibt heute ja fast jedes Obst und Gemüse ganzjährig – kann die gewünschte Vollwertigkeit nicht bieten. Es lohnt sich also, Erntefrisches zu hochwertigen Vorräten zu verarbeiten. Auch macht es großen Spaß, wenn sich im Regal die Gläser, Töpfe und Flaschen drängen, wenn wir mit Eingesäuertem, Getrocknetem, Tiefgefrorenem und anderem jederzeit Feines auf den Tisch bringen können und außerdem noch Geld sparen.
In diesem Buch werden wir Ihnen zeigen, wie einfach es ist, Vorräte anzulegen. Gründlich und leicht verständlich werden die in der Vollwertküche bevorzugten Methoden – viele davon wurden schon von unseren Vorfahren geschätzt – beschrieben.
Doch nicht nur die idealen Möglichkeiten zur Herstellung von Vorräten für das ganze Jahr bietet dieses Kochbuch. Es sind außerdem auch viele erprobte Rezepte für die Verwendung der Schätze aus dem Vorrat darin zu finden. Unsere Ratschläge und Tips, Schritt-für-Schritt-Fotos und viele Zeichnungen machen Ihnen die Arbeit leicht. Wie vielfältig sich die milchsauren Gemüse, die getrockneten Früchte, die Säfte und so weiter verwenden lassen, werden Sie feststellen, wenn Sie die Rezepte durchblättern. Und die brillanten Farbfotos, für dieses Buch neu gestaltet, werden bestimmt die Lust zum Probieren wecken.
Auf die Angabe von Joule/Kalorien haben wir verzichtet, da bei selbstgemachten Vorräten die Inhaltsstoffe der verwendeten Rohprodukte je nach Anbau und Reifegrad sehr verschieden sein können und eine Berechnung zu ungenau würde.
Auch wenn Sie keine Zeit oder Gelegenheit haben, um selbst Vorräte anzulegen, können Sie die reizvollen Salate, die köstlichen Kuchen und alle die anderen schmackhaften Gerichte, für die Sie in diesem Buch Rezepte finden, genießen, denn Sie bekommen viele Zutaten auch in Reformhäusern oder Naturkostläden in bester Qualität zu kaufen.
Wir hoffen, daß Sie ebensoviel Freude beim Selbermachen und Genießen haben wie wir, als wir alles ausprobierten, die köstlichen Ergebnisse verzehrten und für Sie aufschrieben. Und wir wünschen Ihnen gutes Gelingen!

Ihre Ingrid und Annette Früchtel

Die Rezepte für die Verwendung der Vorräte sind, wenn nicht anders angegeben, für 4 Personen berechnet.

Vorratshaltung kritisch betrachtet

Wenn wir im Haushalt Obst, Gemüse und anderes einlagern oder zu haltbaren Vorräten verarbeiten, so ergibt sich die Frage, ob die Vorratshaltung unter dem Aspekt einer vollwertigen Ernährung überhaupt sinnvoll ist und welche Verfahren man dabei bevorzugen sollte.
In unveränderten, frischen Lebensmitteln sind alle essentiellen (lebensnotwendigen) Inhaltsstoffe in einer optimalen Zusammenstellung enthalten. Machen wir aber diese Lebensmittel haltbar, so wird das ausgewogene Verhältnis verändert, und innerhalb des ganzen Wirkstoffgefüges treten Verschiebungen ein: Der Gehalt an Vitaminen und Mineralstoffen kann erheblich vermindert werden, die Struktur der Proteine (Eiweißstoffe) wird verändert, natürliche Aromastoffe und Enzyme werden vollständig oder weitgehend zerstört. Ausgenommen von dieser »Denaturierung« ist nur milchsauer eingelegtes Gemüse. Die Zerstörung oder Inaktivierung von Enzymen kann allerdings für die längere Haltbarkeit der Lebensmittel von Vorteil sein, zum Beispiel beim Blanchieren von Tiefkühlgut.
Alle Konservierungsmethoden können nach dem Grad der Erhaltung der Vitalstoffe in eine gewisse Ordnung gebracht werden, die der von Professor W. Kollath entwickelten »Ordnung unserer Nahrung« entspricht. In diesem Werk hat der Ernährungsforscher vor rund 40 Jahren die Grundzüge einer Vollwerternährung entwickelt und begründet. Kollath bewertete darin die Nahrung nach ihrer Naturbelassenheit, wobei die unveränderte Pflanzennahrung an erster Stelle steht. Auf der Grundlage neuer Erkenntnisse wurde Kollaths Wertsystem von Ernährungswissenschaftlern der Universität Gießen (v. Koerber, Männle, Leitzmann, »Vollwert-Ernährung«, Haug Verlag Heidelberg) überarbeitet. Ihre »Empfehlungen für eine vernünftige Lebensmittelauswahl« gliedern sich in fünf Wertstufen, in welche die haltbar gemachte Nahrung so eingeordnet werden kann:

I. Besonders empfehlenswert
Unveränderte, frische Lebensmittel (naturbelassene Lebensmittel): frisches Gemüse, frisches Obst, Nüsse, frische Kräuter
im weiteren Sinne (auf unsere Vorräte bezogen): im Freien überwintertes Gemüse
mit Einschränkung (je nach Lagerzeit): richtig eingelagertes Obst und Gemüse.

II. Sehr empfehlenswert
Bearbeitete, frische Lebensmittel (mechanisch oder enzymatisch veränderte, unerhitzte Lebensmittel): unerhitztes milchsaures Gemüse, unerhitzte Fruchtsäfte, luftgetrocknete Kräuter, Blüten und Wurzeln.

III. Empfehlenswert
Erhitzte Lebensmittel, bei denen die Hitzebehandlung sinnvoll ist: mit Hitze getrocknetes Obst und Gemüse, erhitzte (pasteurisierte) Säfte, heißeingefülltes Obst, tiefgefrorenes Obst und Gemüse, auch blanchiert.

IV. Weniger empfehlenswert
Verarbeitete Lebensmittel (konservierte Lebensmittel). Sie sollten nicht täglich verzehrt werden: Konserven, sterilisiertes Obst und Gemüse.

V. Nicht empfehlenswert
Isolierte und synthetisierte Substanzen und damit hergestellte Produkte. Möglichst meiden.

Dies ist nur ein Auszug aus der genannten Tabelle, soweit die Angaben für unser Thema »Vorratshaltung« von Bedeutung sind. Halten wir uns an diese »Ordnung der Nahrung«, so sollte unsere Ernährung zum größeren Teil aus frischen Lebensmitteln bestehen und nur ab und zu durch haltbar gemachte Vorräte ergänzt werden.

Vorrat aus dem Garten

Das Einlagern von Wintervorrat

Dies ist ein wichtiges Kapitel für alle, die in der glücklichen Lage sind, einen Garten zu besitzen. Blättern Sie aber bitte nicht gleich weiter, wenn Sie nicht zu diesen Leuten gehören. Sei es, daß Sie zur Erntezeit von befreundeten Gartenbesitzern eine größere Menge Obst oder Gemüse bekommen können oder daß Sie sich einen Wintervorrat direkt vom Landwirt oder vom Händler besorgen - Sie werden sicher manchen wichtigen Rat für Ihren Vorrat in diesem Kapitel finden.

Ideal wäre es, wenn wir Gemüse und Obst das ganze Jahr über frisch vom Beet oder Baum in die Küche holen könnten. Doch das ist in unseren Breiten nur vom Frühsommer bis zum Spätherbst möglich. Oft ist dann die Ernte allerdings so reichlich, daß nur ein Teil frisch verbraucht werden kann. Wenn wir also eine »Obst- und Gemüseschwemme« vermeiden und unseren Speisezettel auch während der kalten Jahreszeit mit Salat und Gemüse aus eigenem Anbau bereichern wollen, müssen wir dies schon beizeiten mit einplanen.

Die richtige Lagerung im Herbst und im Winter ist besonders wichtig, denn Obst und Gemüse leben auch nach der Ernte weiter, sie atmen und verdunsten Feuchtigkeit. Bei niedrigen Temperaturen gehen die biochemischen Umsetzungen langsamer vor sich, wenngleich auch bei richtiger Einlagerung längerfristig Vitaminverluste nicht zu vermeiden sind. Kälte ist also ein wichtiges Hilfsmittel zur Erhaltung der Qualität. Doch wo sollen die Winteräpfel und die Birnen gelagert werden und wo hebt man die Kohlköpfe, die Möhren und den Sellerie am besten auf, damit alles möglichst lange frisch bleibt? Nun, ein Patentrezept gibt es dafür nicht, denn die Verhältnisse liegen in jedem Haushalt anders. Sie müssen vermutlich verschiedene Möglichkeiten ausprobieren, um herauszufinden, was für Ihre Vorräte am besten paßt.

Tips für Gartenbesitzer

Durch den Einsatz von Folien, Frühbeetkästen oder durch ein Gewächshaus können wir im Frühjahr einen Wachstumsvorsprung gegenüber den Kulturen im Freiland gewinnen und im Herbst die Ernte um mehrere Wochen - manchmal bis in den Winter hinein - verlängern. (Allerdings speichern auch Salat und Blattgemüse aus biologischem Anbau während der lichtärmeren Jahreszeit eine Menge Nitrat.) Verschiedene Salat- und Gemüsesorten vertragen einige Kältegrade ohne weiteres, so daß sie länger auf dem Beet bleiben können.

Bei günstiger Witterung können sie auch in den Wintermonaten geerntet werden. Dazu zählen vor allem:

Grünkohl (winterharte Sorte »Niedriger grüner Krauser«).

Rosenkohl (winterharte Sorten »Banner« und »Fest und viel«). Er verträgt Fröste bis $-10°$. In sehr rauhen Gegenden ist es besser, den Rosenkohl einzuwintern; man schlägt ihn also im Frühbeet oder in einer geschützten Ecke ein und deckt mit Stroh ab. Hat man Rosenkohl bei Frost geerntet, läßt man die gefrorenen Röschen an einem kalten Platz im Haus langsam auftauen.

An den Strünken von Grünkohl, Rosenkohl und Wirsing wachsen im Frühjahr noch zarte Kohlsprossen. Mit Wildkräutern und/oder anderen Gemüsen gemischt ergeben sie vitaminreiche Frischkostsalate, die köstlich schmecken.

Schwarzwurzeln graben wir frisch aus dem Beet, solange die Erde noch nicht gefroren ist. Eine Laub- oder Strohdecke hält den Boden längere Zeit offen. Allerdings werden dadurch auch Mäuse und Wühlmäuse angelockt, für die die langen schwarzen Wurzeln ein »gefundenes Fressen« sind. Als Vorrat für längere Frostperioden schlagen wir einen Teil der Wurzeln im Frühbeet oder im Keller in Gartenerde ein.

Lauch/Porree kann auch draußen überwintern,

vorausgesetzt, daß man die richtige Sorte angepflanzt hat (empfehlenswert »Blaugrüner Winter« und »Genita«).
Topinambur, eine Verwandte unserer Sonnenblume, verträgt Frost bis −30°. Solange der Boden offen ist, ernten wir die kartoffelähnlichen Knollen frisch aus dem Garten. Als Wintervorrat im Haus müssen die Knollen in Erde eingeschlagen werden, denn an der Luft schrumpfen sie rasch und werden welk. Für kürzere Aufbewahrung genügen auch Folienbeutel. Das feine, nußartige Aroma der rohen Topinamburknollen schätzen wir in Frischkostsalaten ganz besonders. Gedünstet schmecken die Knollen ähnlich wie Schwarzwurzeln; man würzt mit Zitronensaft, Delikata, Butter und Petersilie. Leider ist die Topinambur auch ein Leckerbissen für Wühlmäuse. Wer mit diesen lästigen Nagern zu kämpfen hat, pflanzt die Knollen am besten in Drahtkörbe. (Bezugsquellen für Topinambur-Knollen siehe Seite 104).
Wer rechtzeitig vorgesorgt hat, kann auch im Winter noch allerlei Salate und frische Kräuter auf den Tisch bringen:
Radicchio. Die roten, leicht bitteren Rosetten dieses Salates (Sorte »Roter Veroneser«) können von Dezember bis Anfang April geerntet werden.
Feldsalat und *Winterportulak* (Winterpostelein, der wie Feldsalat kultiviert wird). Winterportulak kann mehrmals geschnitten werden und auch die kleinen, weißen Blüten sind eßbar.
Löffelkraut paßt mit seinem kresseartig-scharfen Geschmack gut zur winterlichen Frischkost.
Winterkresse/Barbarakraut (Barbarea vulgaris), die etwas milder als Brunnenkresse schmeckt, ist viel zu wenig bekannt. Sät man sie im Mai/Juni aus, kann man vom Herbst bis in den Winter hinein und dann schon bald nach der Schneeschmelze viel frisches Grün für Butterbrote und Frischkostsalate pflücken. Später sät sich das Barbarakraut selbst aus. Die kleinen Büsche mit den glänzend-grünen Blättern passen auch gut in bunte Blumenbeete oder als Rabattenpflanzung im Gemüsegarten. (Bezugsquelle für Samen siehe Seite 104.)

Obst und Gemüse richtig ernten

Je besser das Obst, das man einlagern möchte, am Baum ausreifen kann, desto länger hält es sich. Späte Apfel- und Birnensorten und auch die Quitten entwickeln erst in den letzten Wochen vor der Ernte ihren charakteristischen Geschmack. Deshalb sollte das Obst so spät wie möglich gepflückt werden. Auch leichte Nachtfröste schaden ihm nicht; zur Pflückzeit sollte aber kein Frost herrschen. Der richtige Zeitpunkt für die Ernte ist gekommen, wenn sich der Stiel bei leichtem Anheben der Frucht leicht vom Zweig abdrehen läßt. Wenn Sie Obst zum Einlagern kaufen, verlangen Sie ausdrücklich lagerfähige späte Sorten.
Auch mit der Ernte des Wintergemüses warten wir, bis die ersten stärkeren Nachtfröste auftreten (was meist gegen Ende Oktober/Anfang November der Fall ist), denn bei günstiger Witterung wachsen Spätkohl, Möhren, rote Rüben, Rettiche und Sellerie noch ganz beträchtlich. Ein trockener Spätherbsttag ist für die Ernte am günstigsten, denn feuchtes oder gar nasses Gemüse schimmelt oder fault in warmen Lagerräumen schnell. Nach Frostnächten muß das Gemüse erst völlig auftauen, ehe man es mit der Grabgabel vorsichtig aus dem Boden hebt. Es darf auf keinen Fall in der Sonne liegenbleiben und auch nicht gewaschen werden.
Das Laub von Möhren und Winterrettichen wird abgedreht und nicht abgeschnitten. Bei roten Rüben läßt man noch 2–3 cm von den Stielen stehen. Die Knollen dürfen dabei nicht verletzt

werden, weil sie sonst »ausbluten«. Zarte Blätter von roten Rüben können wie Spinat zubereitet werden - sie schmecken sogar noch besser. Bei Knollensellerie kürzt man die Wurzeln und dreht die Außenblätter vorsichtig ab. Zarte Sellerieblätter sind frisch oder getrocknet (siehe Seite 51) eine ausgezeichnete Würze für Salate, Suppen und Gemüsegerichte. Die härteren Außenblätter und die Blattstiele ergeben aromatische Gemüsebrühen. Für den Winter werden sie getrocknet oder eingefroren. Rotkraut und Weißkraut zum Einlagern erntet man mit der Wurzel.

Obst, Gemüse und Kartoffeln als Wintervorrat

Ungünstig ist es, Obst, Gemüse und Kartoffeln in einem Raum zu lagern. Äpfel, Birnen, aber auch Südfrüchte und Tomaten, strömen während der Reife Äthylen - ein farbloses Gas - aus, das andere Gartenfrüchte nachteilig verändert. Es bewirkt, daß Gurken, Dill, Petersilie und alle Kohlarten gelb werden und rascher faulen, daß Möhren bitter schmecken und auch der Geschmack von Blumenkohl beeinträchtigt wird. Ebenso ist es bei Kartoffeln, die außerdem zu frühzeitigem Keimen angeregt werden. Zwiebeln verlieren bei Lagerung zusammen mit Äpfeln ihre charakteristische Schärfe. Gurken, die man zusammen mit Äpfeln oder Tomaten aufbewahrt, werden schnell weich und ungenießbar.
Wo es möglich ist, sollten auch frühe und späte Obstsorten in getrennten Räumen gelagert werden, weil durch die Ausdünstungen der frühen Sorten die späten eher reifen und sich nicht so lange halten.
Müssen Obst, Gemüse und Kartoffeln dennoch in demselben Raum untergebracht werden, lagert man die verschiedenen Arten möglichst weit voneinander entfernt, sorgt für eine gute Belüftung und Abkühlung des Lagerraumes, um die Einwirkung des Äthylengases zu verringern und die Haltbarkeit zu erhöhen. Man kann die Wirkung des Äthylens auch dadurch mildern, daß man die verschiedenen Sorten getrennt in Behälter füllt und abdeckt oder in lebensmittelgeeigneten Folienbeuteln aufbewahrt.

Der ideale Lagerkeller

Der ideale Lagerkeller sollte eine Temperatur von 2-7° und eine relative Luftfeuchtigkeit von 80-90% haben. Leider sind die Keller der modernen Häuser oft zu warm und zu trocken, um dort Obst und Gemüse längere Zeit frischhalten zu können.
In manchen Fällen kann man durch eine Isolierung der Wände gegen die wärmeren Räume mit Naturdämmstoffen - wie etwa Korkplatten - eine Senkung zu hoher Temperaturen erreichen. Das Klima im Keller läßt sich weiter verbessern, wenn man in kühlen Nächten und tagsüber bei kaltem Wetter lüftet, solange es noch nicht stark friert. Damit keine Mäuse in den Keller gelangen können, müssen die Kellerfenster mit engmaschigem Draht oder den im Handel erhältlichen Lochplatten aus Metall gesichert werden.
Um die Luftfeuchtigkeit zu erhöhen, legt man den Kellerboden mit Ziegelsteinen aus und begießt sie häufig. Sie speichern beachtliche Mengen an Wasser - etwa 6-8 l pro qm - und geben es nach und nach an die Luft ab.

Weitere Lagermöglichkeiten

Auch einen frostfreien Schuppen, eine leerstehende Garage oder einen nicht ausgebauten Speicherraum kann man für die Vorratshaltung

von Obst und Gemüse nutzen. Bei Frostwetter muß die Temperatur häufig kontrolliert werden, damit das Lagergut keinen Schaden erleidet. Sinkt die Quecksilbersäule im Lagerraum unter 2°, ist eine zusätzliche Isolierung aus Decken oder dicken Lagen von Zeitungspapier notwendig, die bei frostfreiem Wetter entfernt wird.
Mit einfachen Mitteln läßt sich in einem geeigneten kalten Raum ein Verschlag bauen, in dem die Gartenfrüchte vor Frost geschützt gelagert werden können. Ganz vorzüglich zum Überwintern von Obst und Gemüse ist eine frostfreie Kellergrube in einem Gartenhäuschen oder einer Gerätehütte. Im allgemeinen genügt dazu eine Grube von 1,50 × 0,90 cm, die 1 m tief sein sollte. Die Wände werden mit Klinkern ausgemauert, bei sandigem, trockenem Untergrund genügen auch gewöhnliche Backsteine. Den fest eingestampften Boden der Grube legt man mit einem engmaschigen Drahtgeflecht aus, um das Eindringen von Mäusen zu verhindern. Dabei muß besonders auf einen dichten Übergang zum Mauerwerk geachtet werden. Die Grube wird durch eine Falltür verschlossen, auf die man als Frostschutz noch Stroh aufbringen kann.

Gemüse und Kartoffeln im Keller

Um Gemüse im Keller längere Zeit frisch zu halten, gibt es verschiedene Möglichkeiten. Wurzelgemüse wie Möhren, Schwarzwurzeln, Sellerie, rote Rüben, Pastinaken und Winterrettiche hebt man mit der Grabgabel aus dem Beet, dreht das Laub ab (bei roten Rüben 2–3 cm stehenlassen) und schichtet die Wurzeln mit der anhaftenden Erde in geeignete Gefäße. Nach 1–2 Lagen wird eine Schicht Erde darübergefüllt und das Ganze mit Erde abgedeckt. Ein lose aufgelegter Deckel aus Holz oder dicker Pappe verhindert das Austrocknen. Gut bewährt haben sich als Behälter Holzkisten, Eimer (kein Kunststoff), große Steinguttöpfe, Zinkwannen sowie für Lebensmittel geeignete Plastiktonnen, zum Beispiel vom Sauerkraut, die in den meisten Reformhäusern für wenig Geld zu bekommen sind.
Ist der Keller warm, läßt man die Gefäße an einem geschützten Platz im Freien stehen, bis stärkere Fröste einsetzen, und bringt sie erst dann in den Keller.
Wer auch im Winter frisches Selleriekraut in der Küche verwenden möchte, kürzt die Selleriewurzeln, entfernt die äußeren Blätter und schlägt die Knollen zu ⅔ in Erde ein. An einem hellen, frostfreien Platz beginnen sie bald zu treiben. Genauso verfährt man mit Wurzelpetersilie.
Wie bei der Obstlagerung (siehe Seite 13) hat sich auch für Wintergemüse die Aufbewahrung in Folienbeuteln bewährt, wenn der Keller zu

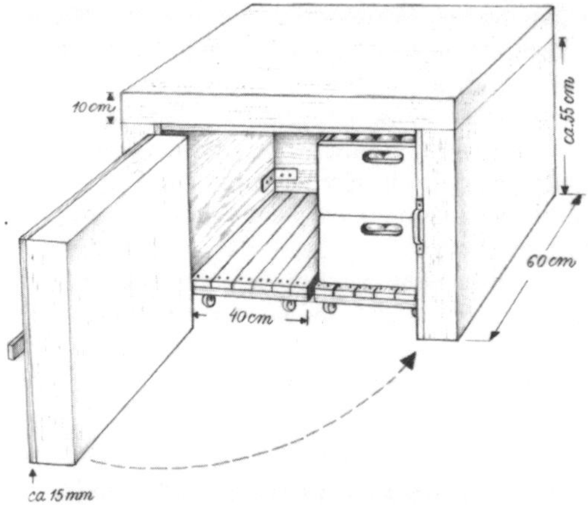

Selbstgebauter Verschlag für die Lagerung von Obst und Gemüse. Eine Holzkiste (etwa 85 × 60 × 55 cm) mit dicht schließender Tür wird mit Korkplatten (Dämmkork) von 10 cm Dicke verkleidet; Boden nicht und Tür von innen isolieren. Auf zwei Lattenroste mit je vier Rollen (damit man sie einzeln herausfahren kann) werden die Obst- oder Gemüsekisten gestapelt.

trocken ist. Bei Wurzelgemüse wird die anhaftende Erde abgestreift und das Kraut abgeschnitten. Anschließend läßt man die Wurzeln an der Luft etwas abtrocknen und füllt sie, nach Sorten getrennt, in gelochte Gefrierbeutel. Selbstverständlich muß das Gemüse von Zeit zu Zeit kontrolliert werden.
Rotkraut, Weißkraut und Wirsing werden mit der Wurzel geerntet und mit den Köpfen nach unten im Keller aufgehängt. Die Köpfe dürfen sich nicht berühren, weil sie sonst leicht schimmeln. Kohlköpfe ohne Wurzeln legen wir einige Tage an einen luftigen, schattigen Platz im Freien, damit die Außenblätter etwas eintrocknen (um späteren Schimmelbefall zu vermeiden). Anschließend kommen sie auf Holzregale im Keller. Sie dürfen sich dort nicht berühren und müssen ab und zu gedreht werden, damit sie nicht schimmeln. In trockenen Kellern bleiben die Kohlköpfe länger frisch, wenn man sie einzeln in gelochte Folienbeutel (Gefrierbeutel) packt.
Chinakohl kann bis −5° im Freiland bleiben. Sind stärkere Fröste zu befürchten, hebt man die Pflanzen mit der Wurzel und etwas Erde aus dem Boden, entfernt schlechte Blätter und stellt die Köpfe dicht nebeneinander in Obstkisten oder Eimer. Auf die gleiche Weise halten sich Endivien- und Zuckerhutsalat im Keller oder einem anderen kalten Raum längere Zeit frisch.
Kartoffeln müssen stets kühl, trocken, luftig und dunkel lagern. Unter Lichteinfluß verfärben sich die Knollen grün und bilden das giftige Solanin. Schneiden Sie deshalb grüne Stellen vor dem Kochen stets großzügig heraus! Am besten halten sich Kartoffeln bei einer Temperatur von 4–7°. Zum Einkellern eignen sich nur die späten Sorten. Die Knollen sollen gesund und unverletzt sein und dürfen vor dem Einlagern nicht gewaschen werden. Fachleute empfehlen, die Kartoffeln nach der Ernte etwa 14 Tage außerhalb des Kellers vor Licht geschützt vorzulagern. Die Temperatur darf dabei bis zu 15° betragen. Während dieser Zeit »verkorkt« die Kartoffelschale, wodurch der Feuchtigkeitsverlust bei der späteren Lagerung gemindert wird. Auch kleinere Verletzungen heilen dabei ab.
Das Keimen der Kartoffeln wird durch den Kohlensäuregehalt der Luft gefördert. Außerdem atmen die Kartoffeln selbst Kohlensäure aus: zu Beginn der Lagerzeit produzieren 100 kg Kartoffeln etwa 1 g Kohlensäure pro Stunde, später noch etwa ein Viertel dieser Menge. Damit die Knollen nicht vorzeitig zum Keimen angeregt werden, muß man den Keller häufig lüften. Da die Kohlensäure schwerer ist als Luft, ist sie in Bodennähe besonders konzentriert. Deshalb dürfen Kartoffeln nicht unmittelbar auf dem Boden gelagert werden. Man füllt sie entweder in Holzkisten oder in Kartoffelhorden und stellt diese etwas erhöht auf. Auch die Kartoffellagertrommel soll sich bewährt haben und vorzeitiges Keimen der Kartoffeln verhindern. Bei jeder Entnahme wird die Trommel einmal gedreht, so daß ein besserer Luftaustausch erfolgen kann.
Anders als bei Obst und Gemüse sind Kunststoffbeutel für Kartoffeln nicht geeignet, weil die erhöhte Kohlensäurekonzentration die Kartoffeln vorzeitig zum Keimen anregt (weshalb man übrigens auch von Kartoffeln, die man in solchen Beuteln beim Händler kauft, die Verpackung sofort entfernen soll).

Gemüse im Garten einlagern

Sind keine geeigneten Räume vorhanden, kann man auch einen Teil des Gemüses im Garten einlagern. Dazu gibt es verschiedene Möglichkeiten:

- Im Frühbeet können Endivien- und Zuckerhutsalat sowie Wurzelgemüse und Fenchelknollen eingeschlagen werden. Zum Schutz gegen Mäuse legt man das Frühbeet mit einem engmaschigen Drahtgeflecht aus, das auch an den Wänden hochgezogen wird und völlig dicht sein muß. An frostfreien Tagen muß der Kasten gelüftet werden. Gegen Sonneneinstrahlung deckt man die Fenster mit Strohmatten oder einer dikken Lage Tannenreisig ab. Luftpolsterfolien haben sich als zusätzliche Isolierung bei Frostwetter bewährt. Sie werden über den Frühbeetkasten bis auf den Erdboden heruntergezogen und mit Steinen gesichert. Eine dicke Lage Stroh erfüllt aber den gleichen Zweck.

- In der Erdmiete bleibt das eingelagerte Gemüse bis ins Frühjahr hinein frisch wie eben erst geerntet, weil dort eine gleichmäßig niedrige Temperatur herrscht. Unerläßlich ist auch hier ein Drahtgeflecht als Mäuseschutz.

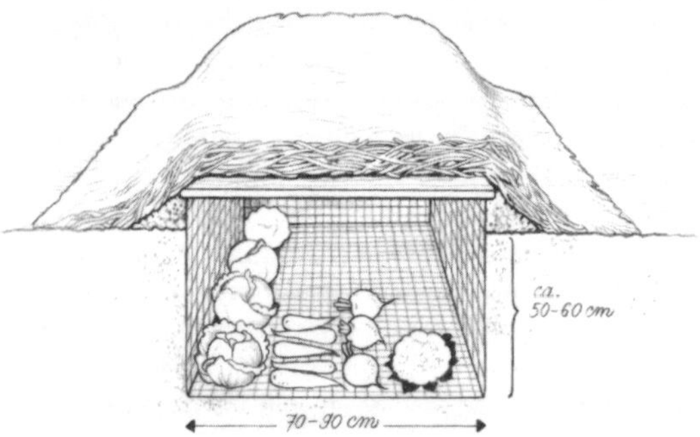

Für die Erdmiete wird eine Grube von 70–90 cm etwa 50–60 cm tief ausgehoben. Ein Drahtgeflecht (Mäuseschutz) muß das gesamte Lager umschließen, auch die Öffnung nach oben. Auf diese ein Holzbrett legen und darauf etwa 20 cm dick Laub/Stroh oder etwa 30 cm Erde häufen.

Aus der Zeichnung ist ersichtlich, wie man eine Erdmiete anlegt. Die Größe richtet sich nach den vorhandenen Vorräten und dem Platz, der zur Verfügung steht. Man füllt das Gemüse in bunter Mischung hinein, so daß bei Bedarf von jeder Gemüseart etwas für die nächsten Wochen entnommen werden kann. An frostfreien Tagen sollte man die Miete gelegentlich lüften. Sie darf bei strengem Frost keinesfalls geöffnet werden.

- Eine einfache Erdgrube läßt sich mit weniger Aufwand anlegen. Möhren kann man darin besonders gut überwintern. Man hebt die Grube 30–50 cm tief aus, legt sie mit engem Maschendraht aus und füllt die Möhren hinein. Der Draht wird über dem Gemüse fest verschlossen und alles mit Erde zugefüllt. Eine dicke Decke aus Stroh oder Laub schützt gegen Frost. Unserer Erfahrung nach schadet es den Möhren nicht, wenn sie in der Grube durchfrieren. Man muß sie nur in der Grube auftauen lassen, dann schmekken sie wie frisch vom Beet.

Will man in der Erdgrube aber Sellerie und rote Rüben überwintern, muß sie so geschützt werden, daß der Frost nicht eindringen kann.

- Sehr einfach lassen sich kleinere Gemüsemengen in den Edelstahltrommeln von ausgedienten Waschmaschinen einlagern. Man bekommt sie manchmal billig beim Altwarenhändler. Die Trommel wird mit der Öffnung nach oben in die Erde eingegraben und das Gemüse hineingefüllt. Die Öffnung bedeckt man mit einer Steinplatte oder einem dicken Brett. Bei starker Kälte kommt ein Jutesack und eine dicke Laub- oder Strohschicht darüber. Der Behälter ist mäusedicht und rostet nicht.

Tips zu Gemüse

Es gibt Gemüsesorten, die etwas Frost vertragen und erst spät geerntet werden sollten: *Winterendivien* (Sorte »Grüner Escariol«) sollte möglichst lange im Garten bleiben, denn Frost bis zu $-5°$ schadet ihm nicht. Mit Plastikfolie, über die man nachts noch Säcke oder Strohmatten breitet, schützt man ihn gegen allzu starke Kälte. Während der frostfreien Zeit muß gelüftet werden, damit der Salat nicht zu faulen beginnt. Die letzten Köpfe schlägt man mit den Wurzeln im Frühbeet oder im Keller dicht nebeneinander in Sand oder Erde (gartenfeucht) ein.

Zichoriensalat/Zuckerhutsalat übersteht Fröste bis –8° ohne weiteres. Wiederholtes Auftauen und Durchfrieren schadet ihm mehr als die tiefen Temperaturen. Man kann ihm wie dem Endiviensalat etwas Schutz vor Frösten geben beziehungsweise die Pflanzen im Frühbeet oder im Keller einschlagen. Da der Zichoriensalat unserer Erfahrung nach auch stärkeren Frost recht gut aushält, lassen wir einen Teil im Garten überwintern. Einige Köpfe erfrieren zwar, bei anderen sind nur die äußeren Blätter vom Frost zerstört. Doch unter der unansehnlichen äußeren Hülle verbirgt sich der zartgelbe innere Kern - frisch und knackig, eine Delikatesse im Frühjahr, wenn frischer Salat rar ist!

Chinakohl kann bis –5° im Freiland bleiben. Ein Folientunnel schützt ihn vor stärkerem Frost. Später hebt man die Pflanzen mit der Wurzel aus dem Boden, entfernt die äußeren schlechten Blätter und schlägt sie im Keller in Sand oder Gartenerde ein.

Möhren und *Knollensellerie* läßt man solange wie möglich im Garten, denn sie schmecken frisch vom Beet am besten. Zum Schutz vor Frösten häufelt man die Wurzeln mit Erde an und gibt ihnen eine dicke Laub- oder Strohdecke.

Obst einlagern

Für eine längere Lagerung eignet sich nur das Kernobst, also Äpfel, Birnen und Quitten.

Frühe Herbstäpfel und Birnen, die nicht so lange haltbar sind, werden nebeneinander auf Obsthorden oder in flache Lattenkisten gelegt. So ist eine Kontrolle leicht möglich und reifes Obst kann gleich verbraucht werden.

Weniger empfindlich sind Winteräpfel und Winterbirnen. Einwandfreie Früchte ohne Schadstellen legt man behutsam in Obstkisten, die aufeinander gestapelt werden. Die oberste Kiste deckt man mit Pappe ab; so bleibt die Feuchtigkeit am besten erhalten. Am längsten hält sich dabei das Obst in den untersten Kisten. Eine regelmäßige Überwachung ist notwendig, damit Äpfel oder Birnen, die zu faulen beginnen, rechtzeitig aussortiert werden können. Nach alter Erfahrung soll getrocknetes Farnkraut die Mäuse von Obst und Gemüse fernhalten. Wir legen daher unsere Äpfel auf getrocknetes Farnkraut und decken auch die Kisten damit zu.

In zu warmen und zu trockenen Kellern hat sich die Lagerung in Folienbeuteln bewährt. Die Früchte werden darin von der ausgeatmeten Kohlensäure eingehüllt und bleiben dadurch länger frisch und saftig. Man nimmt dazu lebensmittelgeeignete Gefrierbeutel von 25 × 40 cm Größe, die 2 bis 2,5 kg Obst fassen. Bei dieser Größe läßt sich der Inhalt von außen noch gut kontrollieren, so daß Obst, das zu verderben beginnt, leicht aussortiert werden kann. Bevor die Äpfel, nach Sorten getrennt, eingefüllt werden, läßt man sie einige Tage im Keller offen stehen, damit sie sich der Temperatur anpassen und sich kein Schwitzwasser im Beutel niederschlägt.

Unserer Erfahrung nach ist es günstig, die Beutel mit einigen Nadelstichen zu durchlöchern, damit ein minimaler Luftaustausch möglich ist und sich nicht zuviel Feuchtigkeit in den Beuteln bildet.

Gut bewährt hat sich bisher die Folienlagerung bei den Sorten »Golden Delicious«, »Roter Boskoop«, »Berlepsch«, »Jonathan« und »Glockenapfel«, weniger dagegen bei »Schöner aus Boskoop«. Nicht geeignet sind »Goldparmäne« und »Ontario« sowie alle frühen Apfelsorten.

Auch späte Birnensorten können in Folie aufbewahrt werden. Da sie empfindlicher sind als Äpfel, müssen sie öfter kontrolliert werden.

Auch wenn Obst im Folienbeutel lange frisch und saftig bleibt, sollte man es verbrauchen, wenn es eßreif ist. Bei Überlagerung verliert es an Aroma und verdirbt schnell.

Das Einsäuern von Gemüse

Das Haltbarmachen durch milchsaure Gärung ist eine seit Jahrtausenden bei vielen Völkern bekannte Methode, denn Mangelzeiten und Versorgungslücken konnten durch diese Form der Vorratshaltung überbrückt werden. Von den Chinesen ist uns überliefert worden, daß sie schon vor 6000 Jahren Kohl einsäuerten und daß ihre Ärzte Sauerkrautsaft als Heilmittel bei den verschiedensten Leiden verordneten.
Auch die alten Römer schätzten das eingesäuerte Kraut und nahmen es zur Vorbeugung gegen Infektionskrankheiten auf ihren Schiffen mit. Sie legten den Kohl in Tonkrüge ein, die dann luftdicht verschlossen wurden - das waren sozusagen die antiken Vorbilder unserer heutigen Gärtöpfe! Dioscurides, ein Zeitgenosse des berühmten Plinius, berichtet von einem Gärverfahren, bei welchem wahrscheinlich bereits Gewürze verwendet wurden, dem »Compositus«. Lange Zeit wurde deshalb im Mittelalter das Sauerkraut auch »Kumpost« genannt. Bei längeren Seefahrten nahm man zu jener Zeit Sauerkraut mit an Bord, denn man hatte entdeckt, daß es zuverlässig vor Vitaminmangelkrankheiten schützt.

Das Sauerkraut - die Medizin aus Kohl

Der bekannte Ernährungswissenschaftler Eduard A. Brecht nannte das Sauerkraut »die Medizin aus Kohl«. Sebastian Kneipp verordnete es seinen Patienten schon vor 100 Jahren, denn »Sauerkraut ist ein richtiger Besen für Magen und Darm, nimmt die schlechten Säfte und Gase fort, stärkt die Nerven und fördert die Blutbildung. Man sollte es auch essen, wenn anderer Kohl in der Diät verboten ist, in mäßigen Mengen, gut gekaut und nichts dabei trinken.«
Ernährungsphysiologisch gesehen sind Sauerkraut und andere milchsaure Gemüse von hohem gesundheitlichen Wert, denn

- die Milchsäure im Gärgemüse fördert die Eiweißverdauung im Magen und unterstützt den Aufbau einer gesunden Darmflora,
- milchsaure Gemüse aktivieren den Zellstoffwechsel und wirken dank ihres hohen Gehalts an Kalium positiv auf die Herztätigkeit,
- milchsaure Gemüse regen die Nieren- und Lebertätigkeit an, sie entwässern und entschlakken also,
- milchsaure Gemüse sind für Zuckerkranke besonders zu empfehlen, denn die ursprünglich im Gemüse vorhandenen Kohlenhydrate werden durch den Gärprozeß zum größten Teil abgebaut und belasten die Bauchspeicheldrüse nicht mehr. Milchsaure Gemüse sind deshalb für Diabetiker fast anrechnungsfrei,
- milchsauer vergorene Gemüse haben nur noch wenige Kalorien beziehungsweise Joule (100 g Sauerkraut enthalten etwa 20 Kalorien). Deshalb sind sie die ideale Kost für alle, die schlank werden oder schlank bleiben wollen,
- milchsaure Gemüse können - so wird vermutet - selbst bei verschiedenen Krebskrankheiten den Krankheitsverlauf positiv beeinflussen.

Milchsäuregärung, die ideale Konservierungsmethode

Das Einsäuern ist das natürlichste und beste Verfahren, um Gemüse für längere Zeit haltbar zu machen. Im Gegensatz zu allen anderen Konservierungsmethoden bleiben bei der Milchsäuregärung alle wesentlichen Inhaltsstoffe der frischen Pflanze erhalten. Milchsauer eingelegte Gemüse sind reich an Vitaminen (A, B_1, B_2, B_6, Nikotinsäure, B_{12}, C, D und E). Sie enthalten auch alle Mineralstoffe und Spurenelemente der frischen Gemüse wie Natrium, Kalium, Calcium,

Eisen, Mangan, Phosphor und die für eine geregelte Verdauung unentbehrlichen Ballaststoffe. Anders als bei den sonst üblichen Konservierungsverfahren werden auch die für den gesamten Stoffwechsel wichtigen Enzyme bei der Milchsäuregärung nicht geschädigt. Beim Gärprozeß entsteht außerdem das für die Blutbildung wichtige Vitamin B_{12}, das in der frischen Pflanzennahrung nicht enthalten ist.

Milchsäurebakterien sind überall

Milchsäure bildende Bakterien der verschiedensten Arten kommen sowohl auf der Oberfläche von Pflanzen, in der Milch als auch im Darm und auf den Schleimhäuten von Mensch und Tier vor. Auf einem geeigneten Nährboden und bei ausreichender Wärme vermehren sich diese Bakterien sehr rasch und verhindern die Entwicklung von Fäulniserregern und Krankheitskeimen. Die Milchsäuregärung hat also eine konservierende Wirkung. Sie verbessert außerdem Aroma und Geschmack, was wir bei milchsaurem Gemüse, Sauermilchprodukten und Sauerteigbrot besonders schätzen.
Beim Gärprozeß entstehen zwei Arten von Milchsäure: die rechtsdrehende oder L(+) Milchsäure und die linksdrehende oder D(−) Milchsäure. Vereinfacht kann man die Bezeichnung rechts- und linksdrehende Milchsäure folgendermaßen erklären: Trifft polarisiertes Licht auf rechtsdrehende Milchsäure, so verschiebt sich die Polarisationsebene etwas nach rechts, bei der linksdrehenden Milchsäure nach links. Im milchsauer eingelegten Gemüse kommen die rechts- und die linksdrehende Milchsäure etwa zu gleichen Teilen als sogenanntes »Razemat« oder als Gärungsmilchsäure vor. Im menschlichen Organismus - und zwar im Kohlenhydrat-Stoffwechsel - wird überwiegend rechtsdrehende Milchsäure produziert. Dank bestimmter körpereigener Enzyme kann sie ohne Belastung vom Körper weiterverarbeitet werden. Der Anteil an linksdrehender Milchsäure im menschlichen Organismus stammt dagegen zum größten Teil von fermentierten Lebensmitteln (Sauermilcherzeugnissen, milchsauren Gemüsen) und den im Dickdarm tätigen Bakterien.
Neuere Befunde deuten darauf hin, daß der menschliche Skelettmuskel ebenfalls D(−) Milchsäure produziert. Man entdeckte auch ein Enzym, das den Abbau der linksdrehenden Milchsäure ermöglicht. Eine schädigende Wirkung der D(−) Milchsäure ist bei gesunden Erwachsenen nicht beobachtet worden. Die Weltgesundheitsorganisation (WHO) hat daher ihre einstmals ausgesprochene Warnung vor einem Zuviel an linksdrehender Milchsäure bereits 1974 für Erwachsene ohne Einschränkungen wieder aufgehoben. Säuglingen bis zum ersten Lebensjahr sollen aber nach wie vor keine Lebensmittel gegeben werden, die D(−) Milchsäure enthalten.

Die Milchsäuregärung - ein natürlicher Vorgang

An der Milchsäuregärung bei Gemüse sind verschiedene Mikroorganismen beteiligt, die zu ihrer Entwicklung einen geeigneten Nährboden und ausreichende Wärme benötigen. Die Zugabe einer geringen Salzmenge (0,8–1,5%) beeinflußt den Gärprozeß günstig und verbessert den Geschmack des Eingesäuerten.
Die Gärung selbst geht - vereinfacht dargestellt - in zwei Phasen vor sich:
In der *1. Gärphase* wird zunächst durch das Einstampfen, also das starke Zusammenpressen, die Luft aus dem zerkleinerten Gemüse herausgedrückt. Gleichzeitig tritt der Zellsaft aus dem

So wird Sauerkraut, wohl das bekannteste milchsaure ▷ Gemüse, im Glas eingesäuert. Natürlich gelingt es im Gärtopf ebenso gut. Rezept Seite 23.

Pflanzengewebe aus. Er enthält Kohlenhydrate und eine Reihe von Zuckerarten (hauptsächlich Glucose und Fructose, aber auch Saccharose). Der Zellsaft ist die Nahrung für verschiedene Mikroorganismen, die eine erste Gärung einleiten. Sie verbrauchen den im geschlossenen Gärgefäß anfangs noch vorhandenen Sauerstoff, produzieren Kohlensäure und bereiten die Grundlage für die Milchsäurebakterien, die in der *2. Gärphase* aktiv werden. Zusammen mit verschiedenen Hefearten bauen sie die Kohlenhydrate und den Zucker zu Milchsäure ab und sorgen für eine Konservierung des eingesäuerten Gemüses. Doch die Mikroorganismen können noch mehr: Sie produzieren das für die Blutbildung wichtige Vitamin B_{12}. Außerdem kommt es

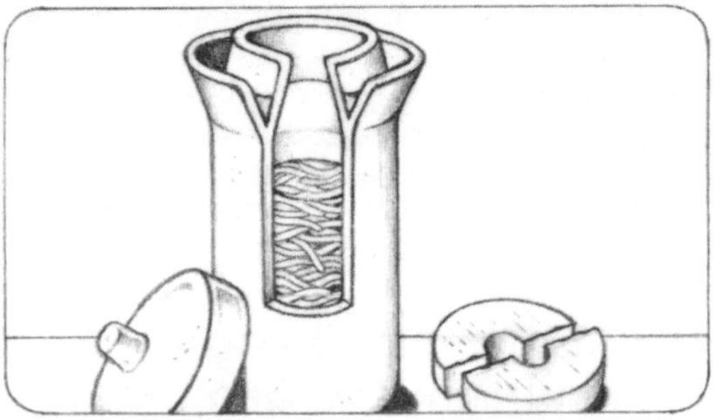

Der Spezial-Gärtopf aus Steinzeug mit Deckel und passenden Beschwerungssteinen (Bezugsquelle siehe Seite 104). Es gibt ihn in verschiedenen Größen. Wie man ihn benützt, lesen Sie auf Seite 19.

zu einer Neubildung und Reaktivierung von Vitamin C, das beim Zerkleinern des Gemüses und während der ersten Gärphase oxidierte. Auch verschiedene Enzyme, Geschmacks- und Aromastoffe entwickeln sich unter dem Einfluß von Mikroorganismen und Hefepilzen.
Es ist wichtig, daß die Milchsäuregärung schnell in Gang kommt, damit unerwünschte Fehlgärungen vermieden werden. Um die Entwicklung der wärmeliebenden Milchsäurebakterien zu beschleunigen, stellt man die Gärgefäße anfangs warm (20–22°), und erst nach Beendigung der Hauptgärung, also nach etwa 10 Tagen, kommen sie an einen kühlen Platz.

Gärgefäße und Küchengeräte, die man für das Einsäuern braucht

Früher säuerte man Gemüse in Fässern und offenen Steinguttöpfen ein. Das war umständlich und zeitraubend, denn das Gemüse mußte ständig überwacht und die Gefäße mußten besonders gut gepflegt werden, um eine Fehlgärung zu vermeiden. Heute benützt man zum Einsäuern Spezial-Gärtöpfe, für kleine Mengen auch Vakuumgläser mit Schraubdeckel, Gläser mit Patentverschluß und Weckgläser mit Gummiring und Klammer.

Einsäuern in Gärtöpfen
Die modernen Gärtöpfe sind aus Steinzeug (einer bestimmten Tonerde) hergestellt. Sie werden bei 1200° gebrannt und innen und außen mit einer bleifreien Glasur versehen. Dadurch sind sie leicht zu reinigen und nehmen keinerlei Gerüche an. Der Deckel und die zwei halbkreisförmigen Beschwerungssteine bestehen aus dem gleichen Material.
Gärtöpfe gibt es in verschiedenen Größen – von 6 bis 30 l – in Haushaltsgeschäften, Bioläden und bei den meisten Versandfirmen für biologische Erzeugnisse. Unserer Erfahrung nach sind mehrere kleine Töpfe vorteilhafter als ein großer: Sie lassen sich leichter reinigen und transportieren (die gefüllten Töpfe sind nämlich ziemlich schwer). Man kann mehrere Gemüsesorten getrennt einlegen und man kann Gemüse mehrmals nacheinander einsäuern, denn ein kleiner

◁ Der ungarische Krautkuchen, mit selbstgemachtem Sauerkraut zubereitet, ist ein ideales Gericht, wenn Sie Gäste erwarten. Rezept Seite 33.

Topf ist schneller leer gegessen als ein großer. Mit kleinen Töpfen lassen sich auch die Gemüsemengen einer im Laufe der Jahre wechselnden Familiengröße besser anpassen.
So wird eingesäuert: Der gründlich gereinigte Topf wird, wie in den Rezepten ab Seite 23 beschrieben, mit dem zerkleinerten Gemüse schichtweise gefüllt; Salz und Gewürze werden dabei gleichmäßig untergemischt. Jede Lage wird mit einem hölzernen Kartoffelstampfer fest eingestampft, bis der Zellsaft austritt. Ist der Topf zu 4/5 gefüllt, dann legt man die beiden Beschwerungssteine auf. Die ausgetretene Flüssigkeit muß die Beschwerungssteine bedecken, damit das Gemüse vor Luftzutritt bewahrt und eine Fäulnisbildung vermieden wird. Reicht die Flüssigkeit nicht aus, müssen Sie mit abgekochtem, lauwarmem Wasser auffüllen. Eine Salzzugabe zum Wasser ist nicht notwendig, wenn das Gemüse bereits mit der erforderlichen Salzmenge eingelegt wurde.
Der obere Rand des Gärtopfes ist als Rinne ausgebildet, in die ein Tauchdeckel hineingreift. Die Rinne wird zunächst mit einem feuchten Tuch sauber ausgewischt. Nachdem der Topf mit dem Deckel geschlossen wurde, füllt man diese Rinne mit Wasser. Das verhindert den Luftzutritt; außerdem kann die bei der Gärung entstehende Kohlensäure (von Überschüssen abgesehen) nicht aus dem Topf heraus. Ist die Gärung richtig in Gang gekommen, entweicht die überschüssige Kohlensäure, was sich durch ein leises Glukkern bemerkbar macht. Damit der Luftabschluß von außen auf die Dauer erhalten bleibt, muß das Wasser in der Rinne gelegentlich nachgefüllt werden. Durch den bei der Gärung entstehenden Unterdruck im Topf kann es vorkommen, daß das Wasser manchmal am inneren Rand der Rinne hochgezogen wird. Dadurch entsteht der Eindruck, das Wasser sei aus der Rinne verschwunden. Ein leichtes Hin- und Herbewegen des Deckels (bitte nicht anheben!) genügt, um den Wasserstand zu normalisieren.
Während der ersten 4 Wochen, also bis die Gärung abgeschlossen ist, sollte der Topf nicht geöffnet werden, damit die Kohlensäure nicht entweichen kann und ein Eindringen von Luft beziehungsweise Fremdbakterien verhindert wird.
Wenn der Gärtopf nur langsam geleert wird, kann es gelegentlich vorkommen, daß sich auf dem eingesäuerten Gemüse ein weißer Belag, die sogenannte »Kahmhefe« bildet. Sie rührt von Hefebakterien her, die durch den Luftzutritt bei der Entnahme von Gemüse wieder aktiv geworden sind. Die Kahmhefe ist völlig unschädlich. Es genügt, die oberste Gemüseschicht mit der Hefe zu entfernen und die Innenwand des nicht mehr ganz gefüllten Gärtopfs mit einem in heißes Wasser getauchten Tuch abzuwischen.
Ist der Gärtopf leer, muß er gründlich mit heißem Wasser gereinigt werden. Bis zur weiteren Verwendung hebt man alle Teile separat trocken und luftig, also nicht in einem feuchten Keller, auf.

Einsäuern in Gläsern

Zum Einsäuern von kleinen Erntemengen sind Gläser ideal. Auch, weil man eine reiche Auswahl zur Verfügung haben kann. Für Alleinstehende und kleine Familien ist diese Art der Vorratshaltung besonders vorteilhaft.
Prüfen Sie vor dem Einfüllen, ob die Vakuumgläser dicht schließen. Füllen Sie dazu etwas Wasser in das Glas, drehen Sie den Deckel fest zu und stellen Sie es auf den Kopf. Tritt kein Wasser aus, sind die Gläser dicht. Bei Weckgläsern müssen die Gummiringe noch tadellos sein, damit ein luftdichter Verschluß möglich ist. Wie beim Einwecken werden diese Gläser mit einer Klammer verschlossen. Man läßt sie sicherheitshalber auf dem Glas, bis der Inhalt verbraucht wird. Gläser, Deckel und Gummiringe vor Gebrauch heiß abspülen und abtropfen lassen.
Das Einlegen des Gemüses geschieht wie bei den Gärtöpfen (siehe Seite 16). Es ist allerdings

zweckmäßig, wenn man das zerkleinerte Gemüse mit den Gewürzen und dem Salz in einer stabilen Schüssel stampft oder mit der Hand kräftig durchknetet, bis der Saft austritt. Danach wird das Gemüse fest in die mit sehr heißem Wasser ausgespülten Gläser gedrückt. Damit genügend Raum für die sich bildende Kohlensäure bleibt, dürfen die Gläser nur bis zu ⅘ gefüllt werden. Auch hier muß der Saft das Gemüse bedecken. Ist das nicht der Fall, füllt man mit abgekochtem, lauwarmem Wasser auf. Anschließend werden die Gläser mit dem Deckel fest verschlossen und wie die Gärtöpfe zuerst warm, dann kühler gestellt. Luftblasen im Glas zeigen an, daß die Gärung begonnen hat. Während des Gärvorganges und bei der späteren Aufbewahrung muß das eingesäuerte Gemüse vor Licht geschützt werden: Man bedeckt die Gläser entweder mit einem Tuch oder stülpt einen Karton darüber. Wenn der Gärprozeß beendet ist, hat sich in den Gläsern ein Vakuum gebildet; sie sind also fest verschlossen. Im kühlen Keller hält sich das eingesäuerte Gemüse bis zur nächsten Ernte. Eingesäuerte Gurken sollte man bis zum Frühjahr verbrauchen, weil sie schneller weich werden. Beim Öffnen entweicht die Kohlensäure manchmal - je nach Menge - unter starkem Sprudeln. Durch den Luftzutritt wird das Gemüse anfälliger gegen Schimmelpilze. Deshalb müssen angebrochene Gläser im Kühlschrank aufbewahrt werden. Dort hält sich der Inhalt noch 4-6 Wochen, sofern er von der Gärlake bedeckt ist.

Einsäuern in offenen Steinguttöpfen

Das milchsaure Einlegen von Gemüse in offenen Töpfen ist nicht ganz so einfach und problemlos wie in den modernen Spezial-Gärtöpfen, weil es leichter zu Fehlgärungen kommen kann.
Zum Einsäuern brauchen Sie außer dem Steinguttopf ein Leinen- oder Baumwolltuch, um das Gemüse abzudecken, ein Brettchen aus Ahorn- oder Birkenholz (Fichte und Kiefer sind ungeeignet), das etwas kleiner ist als die Öffnung des Topfes, sowie einen Granitstein zum Beschweren. Steine, die von der Säure angegriffen werden wie Kalk oder Marmor sind nicht geeignet. Vor dem Einsäuern werden Tuch, Brettchen und Stein in klarem Wasser ausgekocht, der Gärtopf wird gründlich mit sehr heißem Wasser ausgespült. Anschließend wird das zerkleinerte Gemüse, wie auf Seite 19 beschrieben, fest eingestampft und mit dem Tuch bedeckt. Das Brettchen wird aufgelegt und das Ganze mit dem Stein beschwert. Achten Sie darauf, daß die Gärflüssigkeit über dem Brettchen steht oder gießen Sie noch etwas abgekochtes, lauwarmes Wasser nach. Man bindet den Topf mit Plastikfolie zu oder legt einen Deckel darüber. Da der Topfinhalt nicht völlig von der Luft abgeschlossen ist, können sich die Hefebakterien lebhafter entwickeln als in den Spezial-Gartöpfen oder Gläsern. Es bildet sich bald nach dem Einfüllen ein weißer Belag, die sogenannte Kahmhefe (siehe Seite 19). Sie ist unschädlich, muß aber entfernt werden, damit der Geschmack des Gemüses nicht leidet. Im Abstand von 10-14 Tagen müssen Brettchen und Stein mit heißem Wasser (ohne Spülmittelzusatz!) gereinigt werden. Auch das Tuch wird ausgewaschen und, wenn nötig, in klarem Wasser ausgekocht.

Küchengeräte zum Einsäuern

Man kann zwar Gemüse auch im ganzen oder grob zerteilt einsäuern, doch im allgemeinen wird es geraspelt oder in feine Streifen gehobelt, ehe es in die Gärgefäße kommt. Mit geeigneten Geräten kann man sich diese Arbeit sehr erleichtern. Im Normalfall genügt eine leistungsfähige Küchenmaschine (Schnitzelwerk). Mit einem großen Krauthobel können auch größere Mengen Weißkraut und Rotkraut schnell verarbeitet werden. Allerdings hat dieses Gerät einen Nachteil: Die Messer sind nicht aus rostfreiem Stahl hergestellt, so daß eine Oxidation und damit ein

Verlust an Vitamin C beim Zerkleinern des Gemüses unvermeidlich ist. Auch mit der elektrischen Brotschneidemaschine kann man Kraut schnell in feine Streifen schneiden. Ein stabiles, standfestes Gerät erleichtert die Arbeit sehr. Zum Einstampfen in die Gärtöpfe brauchen Sie außerdem einen Stampfer aus Holz, den man in Haushaltsgeschäften bekommt.

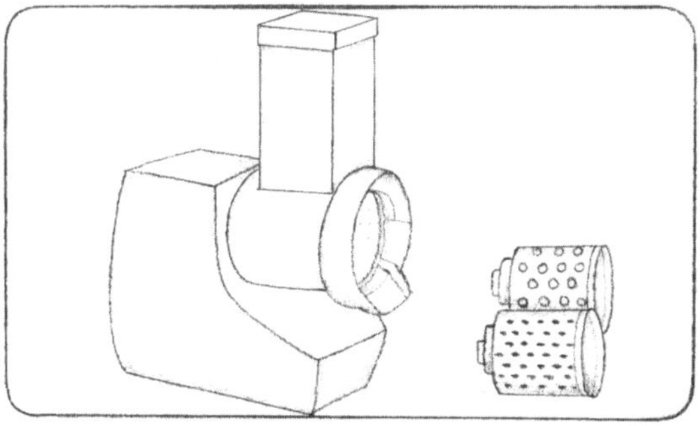

Wenn Sie große Mengen Gemüse zerkleinern müssen, ist ein Elektrogerät zu empfehlen. Für viele Küchenmaschinen gibt es einen speziellen Rohkostvorsatz als Zusatzgerät.

Gemüse, das milchsauer eingelegt werden kann

Einsäuern kann man die verschiedenen Gemüsearten vom Frühsommer bis zum Herbst. Frühgemüse ist allerdings nicht so lange haltbar wie die späten Sorten; es ist meistens schon nach 2–3 Wochen durchgegoren und wird schneller weich. Man sollte eingesäuertes Frühgemüse also bald verbrauchen. Dagegen bleiben eingesäuerte Herbst- und Wintergemüse in einem kühlen Keller bis in den nächsten Sommer hinein frisch und appetitlich.

Da die für die Vergärung wichtigen Milchsäurebakterien bereits auf den Pflanzen vorhanden sind, sollte man nach Möglichkeit Gemüse aus biologischem Anbau verwenden. Mit Insektiziden oder Pestiziden behandeltes Gemüse fault, weil die Milchsäurebakterien zerstört worden sind. Auch mit Stickstoff überdüngtes Gemüse hält sich nicht im Gärtopf. Es kommt zur Fehlgärung, die sich durch unangenehmen Geruch und Geschmack bemerkbar macht.
Wer Gemüse aus dem eigenen Garten einsäuern möchte, sollte es nicht während einer Regenperiode, sondern erst einige Tage später ernten, denn die Zahl der Milchsäurebakterien auf dem Gemüse nimmt bei schlechtem Wetter ab.
Zum Einsäuern eignen sich fast alle Gemüse: Blumenkohl, grüne Bohnen, Broccoli, Gurken, Kohlrabi, Kohlrüben (weiße Rüben), Kürbis, Lauch, Möhren, Paprika, Pastinaken, rote Rüben, Rotkraut, Sellerie, Teltower Rübchen, reife, aber noch feste Tomaten (grüne Tomaten enthalten zuviel Solanin), Weißkraut und Wirsing.
Ob man die verschiedenen Gemüse getrennt einsäuert oder bunte Mischungen zusammenstellt, richtet sich nach den vorhandenen Vorräten und dem persönlichen Geschmack.

Wichtiger Hinweis zum Gemüseabfall:
Wenn Sie größere Mengen einer Gemüsesorte verarbeiten wollen, sollten Sie auch wissen, wieviel Sie einkaufen oder ernten müssen, denn *bei meinen Rezepten beziehen sich die Mengenangaben im allgemeinen auf geputztes Gemüse.*
Die folgende Übersicht gibt Ihnen Anhaltspunkte, mit wieviel Abfall bei den meisten Gemüsesorten Sie rechnen müssen (nach der Broschüre »Gemüse«, herausgegeben vom Bundesausschuß für volkswirtschaftliche Aufklärung e. V.):

Blumenkohl	38%
Bohnen	7%
Broccoli	7%

Gurken	0%
Kohlrabi	32%
Kohlrüben (weiße Rüben)	7%
Kürbis	50%
Lauch/Porree	42%
Möhren	17%
Paprikaschoten	23%
Pastinaken	17%
Rote Rüben/rote Beten	22%
Rotkraut	22%
Sellerie (Knollensellerie)	27%
Teltower Rübchen	10%
Tomaten	1%
Weißkraut	22%
Wirsing	22%
Zwiebeln	8%

Kräuter und Gewürze zum Einsäuern

Küchenkräuter und Gewürze geben dem Eingesäuerten ein pikantes Aroma und machen es bekömmlicher. Sie enthalten außerdem Vitamine, Mineralstoffe und Spurenelemente in konzentrierter Form. Seit langem ist auch bekannt, daß viele Gewürze eine keimhemmende Wirkung haben. Besonders in der ersten Gärphase, in der die Milchsäurebakterien noch nicht wirksam sind, tragen die Gewürze dazu bei, daß schädliche Bakterien nicht überhand nehmen können. Küchenkräuter verwendet man möglichst frisch. Zum Einlegen von Herbst- und Wintergemüsen kann man auch getrocknete Kräuter nehmen. Gut bewährt haben sich außerdem fertige Einmach-Gewürzmischungen oder eine Mischung aus grob gemahlenen Salatkräutern aus dem Reformhaus.

Empfehlenswerte Kräuter und Gewürze:
Dillkraut und Dillsamen,
Kümmel, Koriander- und Senfkörner,
Lorbeerblätter und Wacholderbeeren,
Gewürznelken und Piment (beides nur sparsam verwenden),
Bohnenkraut, Thymian und Estragon,
Selleriekraut und Liebstöckel/Maggikraut,
Meerrettich (er verliert beim Einsäuern viel von seiner Schärfe),
Zwiebeln (sie schmecken eingesäuert sehr aromatisch). Kleine Zwiebeln legt man im ganzen ein, größere werden grob zerteilt.
Knoblauch (er bekommt beim Einsäuern ein feines, fast nußartiges Aroma und verliert seinen durchdringenden Geruch und Geschmack).
Himbeerblätter, Blätter von schwarzen Johannisbeeren und ungespritzte Weinblätter verbessern das Aroma der eingesäuerten Gemüse und sind reich an Milchsäurebakterien. Man legt die Gärtöpfe mit Blättern aus und bedeckt das Gemüse ebenfalls mit einigen Blättern.

Salz

Während man früher große Mengen Salz (6–10%) verwendete, um die Haltbarkeit der eingesäuerten Gemüse zu sichern, kommen wir unter den heutigen hygienischen Bedingungen und bei Verwendung der modernen Gärtöpfe mit viel weniger Salz aus. Das Salz soll das Gemüse während der ersten Gärphase vor Fäulnis bewahren, bis schließlich die Milchsäurebakterien diese Aufgabe übernehmen. Im allgemeinen genügen 0,8–1,5% Salz pro Kilogramm Gemüse. Wer mit dem Einsäuern schon etwas Erfahrung hat, wird feststellen, daß er diese Mengen noch etwas reduzieren kann.
Meersalz wäre zwar wegen seines vermutlich etwas höheren Gehaltes an Mineralstoffen und Spurenelementen zum Einsäuern besser geeignet als Kochsalz, doch bei der heutigen Verschmutzung der Weltmeere ist es wahrschein-

lich besser, gewöhnliches Speisesalz zu nehmen. Die Verwendung von jodiertem Speisesalz (im Handel erhältlich) ist allgemein in Gegenden zu empfehlen, wo Jodmangel herrscht. Jodmangel beeinträchtigt die Schilddrüsenfunktion, wodurch die Kropfbildung begünstigt wird.

Sind spezielle Säuerungszusätze notwendig?

Bei der industriellen Herstellung von milchsauren Gemüsen werden oft spezielle Bakterienkulturen zugesetzt, um die Gärung zu beschleunigen und das Gemüse schneller genußfertig zu machen. Im Haushalt, wo nur kleinere Mengen eingesäuert werden, sind solche Zusätze nicht erforderlich, da, wie schon erwähnt, Milchsäurebakterien überall vorhanden sind (siehe Seite 15). Versuchsweise haben wir Molke, die reichlich Milchsäurebakterien enthält, beim Einsäuern zugegeben, konnten aber damit keine besseren Ergebnisse erzielen.
Hat man schon Gemüse eingesäuert und Gärflüssigkeit (aus dem leeren Glas) übrig, kann man diese als »Starterkultur« nehmen. Die Milchsäuregärung kommt damit besonders schnell in Gang. Die Gärlake sollte möglichst frisch verwendet werden. Man kann sie aber auch einfrieren oder randvoll in Flaschen mit Schraubverschluß füllen; im Kühlschrank oder im kalten Keller hält sie sich so 3–4 Monate. Manchmal bildet sich etwas Kahmhefe (siehe Seite 19) auf der Gärflüssigkeit, die aber nicht schadet. Man nimmt den weißen Belag mit einem Löffel ab. Auch Gärlake von gekauftem milchsaurem Gemüse oder milchsaure Gemüsesäfte kann man als Starterkultur zusetzen. Allerdings dürfen diese Produkte nicht pasteurisiert beziehungsweise sterilisiert sein, weil dadurch die Bakterien bereits abgetötet worden sind.

Selbstgemachtes Sauerkraut

Bild Seite 17

Da Sauerkraut das bekannteste milchsaure Gemüse ist, also Weißkraut am häufigsten von allen Gemüsearten eingesäuert wird, soll dieses Rezept am Anfang stehen. Eingesäuert werden hauptsächlich die späten Herbst- und Wintersorten. In einem kühlen Keller hält sich das Sauerkraut bis zum Frühjahr. Auch der frühe Sommerkohl ergibt ein köstliches, zartes Sauerkraut. Es ist schon nach 14 Tagen fertig, muß aber bald gegessen werden, weil es sonst weich wird. Besonders appetitlich wirkt das Sauerkraut, wenn Sie einige geriebene Möhren mit einsäuern. Auch Scheibchen von säuerlichen Äpfeln können mit in den Gärtopf kommen.

Zutaten für 1 Gärtopf von 10 l Inhalt:
800 g Möhren · 10 kg Weißkraut (geputzt etwa 8 kg) · 30 g Salz · 2–3 Eßl. Wacholderbeeren · 2–3 Eßl. Kümmel · 1 Eßl. gelbe Senfkörner
Zum Abdecken: Krautblätter

Zubereitungszeit: etwa 2 Stunden

Die Möhren unter fließendem Wasser sauber abbürsten und mittelfein reiben. Das Kraut putzen und waschen; 2 Blätter zum Abdecken beiseite legen. Die Köpfe vierteln, die Strünke herausschneiden und grobraspeln. Das Kraut in feine Streifen hobeln oder mit der Brotschneidemaschine feinschneiden. • Etwa 8 cm hoch Kraut in den Gärtopf füllen, dazu einen Teil der Möhren. Geraspelten Strunk, Salz und Gewürze damit mischen. Das Kraut so lange stampfen, bis sich Saft bildet. Anschließend die nächste Lage einfüllen und wieder bis zur Saftbildung stampfen. • Ist der Topf zu ⅘ gefüllt, die letzte Schicht mit Krautblättern abdecken. Anschließend die beiden Beschwerungssteine auflegen. Die Flüssigkeit muß über den Beschwerungssteinen stehen. Andernfalls muß mit abgekochtem, lauwarmem Wasser aufgefüllt werden. • Die Wasserrinne mit einem feuchten Tuch sauber auswischen. Den Deckel aufsetzen und die Rinne mit Wasser füllen. Den Gärtopf 10 Tage bei Zimmertemperatur stehen lassen; anschließend in den kalten Keller stellen. • Nach 4–6 Wochen kann das Sauerkraut gegessen werden. Bei längerer Lagerung schmeckt es noch aromatischer.

Tip: Wenn Sie größere Mengen Kraut verarbeiten und zwei Töpfe zu gleicher Zeit füllen wollen, zuerst in Topf 1 und anschließend in Topf 2 eine Lage Kraut mit Salz und Gewürzen füllen. Dann das Kraut in Topf 1 stampfen; dann die nächste Schicht einfüllen. Das Kraut in Topf 2 stampfen, Kraut einfüllen – und so weiter verfahren. Während der »Wartezeit« zwischen Einfüllen und Stampfen wird durch das Salz bereits die Zellflüssigkeit aus dem Pflanzengewebe gelöst, so daß sich beim Stampfen schneller Saft bildet.

Variante: Milchsaure weiße Rüben
Auf die gleiche Weise wie Sauerkraut kann man auch weiße Rüben einsäuern. Sie werden unter fließendem Wasser sauber abgebürstet und anschließend in Streifen oder Stifte gehobelt.

Rotkraut im Gärtopf

Rotkraut, auch Rotkohl oder Blaukraut genannt, bekommt durch das Einsäuern eine besonders appetitliche leuchtendrote Farbe. Da es fester ist als Weißkraut, nimmt man am besten frühe und mittelfrühe Sorten. Doch auch Spätkraut haben wir mit gutem Erfolg in Gläsern eingesäuert. Wir haben es nicht gehobelt, sondern feingeraspelt und dann in einer Schüssel mit dem Salz und den Gewürzen kräftig geknetet, bis sich Saft bildete.

Zutaten für 1 Gärtopf von 10 l Inhalt:
2–3 Zwiebeln · eventuell 2–3 säuerliche Äpfel · 10 kg Rotkraut (geputzt etwa 8 kg) · 30–35 g Salz · 2–3 Eßl. Kümmel oder 1 Eßl. Kümmel und 1 Teel. ganze Nelken · 3–4 Lorbeerblätter
Zum Abdecken: ungespritzte Weinblätter, Sauerkirsch-, Himbeer- oder Rotkrautblätter

Zubereitungszeit: etwa 2 Stunden

Die Zwiebeln schälen und grobhacken. Die Äpfel waschen, entkernen und in Stückchen schneiden. Das Kraut putzen und waschen. Die Krautköpfe vierteln, den Strunk herausschneiden und die zarten Teile grobraspeln. Das Rotkraut in sehr feine Streifen schneiden oder hobeln. • Das Kraut mit allen übrigen Zutaten lagenweise in den Gärtopf füllen und nach jeder Schicht fest einstampfen. • Den Topf nur zu 4/5 füllen und die letzte Schicht mit Blättern abdecken. Die beiden Beschwerungssteine auflegen. Sollte sich nicht genügend Flüssigkeit gebildet haben, was bei Rotkraut meist der Fall ist, muß mit abgekochtem, lauwarmem Wasser aufgefüllt werden. Ist mehr als ½ l Wasser erforderlich, gibt man dem Wasser noch etwas Salz (10 g pro Liter) zu. • Anschließend die Wasserrinne mit einem feuchten Tuch sauber auswischen. Den Deckel aufsetzen und die Rinne mit Wasser füllen. Den Gärtopf 10 Tage bei Zimmertemperatur stehen lassen. Dann in den kalten Keller stellen. • Nach etwa 6 Wochen kann das Rotkraut gegessen werden.

Wirsing mit Möhren

Milchsaurer Wirsing schmeckt köstlich, wird aber schnell weich. Deshalb säuern wir immer nur kleine Portionen in Gläsern ein, die bald leer gegessen sind.

Das Einsäuern von Gemüse

Zutaten für 1 Glas von 720 ml Inhalt:
600–700 g Wirsing · 150 g Möhren · 50 g Lauch/Porree (auch zarte grüne Teile) · ¾ Teel. Salz · je ¼ Teel. gelbe Senfkörner und Korianderkörner oder Dillsamen · etwas Liebstöckel oder Selleriekraut, Dill und Oregano, frisch oder getrocknet

Zubereitungszeit: 25 Minuten

Das Gemüse putzen und waschen. Den Wirsing vierteln, den Strunk längs einschneiden, so daß er beim Hobeln in dünne Scheibchen zerfällt. Den Wirsing am besten mit der Brotschneidemaschine in feine Streifen, die Möhren in 1 mm dikke Scheibchen schneiden (dicke Möhren vorher längs einmal einschneiden, so daß halbe Scheiben entstehen). Den Lauch in feine Streifen schneiden. • Alle Zutaten in einer Schüssel mischen und kräftig kneten, bis sich Saft bildet. Dann in ein Glas füllen und gut zusammendrükken. Das Glas nur bis 5 cm unter dem Rand füllen. Falls erforderlich, noch etwas abgekochtes, lauwarmes Wasser nachfüllen. • Das Glas fest verschließen und den Wirsing, vor Licht geschützt, 5–6 Tage bei Zimmertemperatur gären lassen. Dann in den kalten Keller stellen. • Der Wirsing ist nach etwa 3 Wochen eßfertig.

Tip: Der eingesäuerte Wirsing schmeckt, nur mit kaltgepreßtem Öl angemacht, sehr gut als Salat. Man kann ihn aber auch mit feingeschnittenem Endivien- oder Zichoriensalat (Zuckerhutsalat) oder mit Chinakohl mischen.

Kohlrabi im Glas

Da milchsauer eingelegte Kohlrabi bei längerer Aufbewahrung schnell weich werden, säuern wir in zeitlichem Abstand nur kleine Mengen ein.

Zutaten für 1 Glas von 720 ml Inhalt:
700 g Kohlrabi · ½ Lorbeerblatt · 1 Teel. Einmachgewürz oder ½ Teel. Dillsamen, ¼ Teel. Korianderkörner, ¼ Teel. gelbe Senfkörner, 2 Pfefferkörner, frischer Dill, Estragon und wenig Liebstöckel · gut ¼ Teel. Salz

Zubereitungszeit: 25 Minuten

Die Kohlrabi putzen, waschen und schälen; dann grobraspeln und anschließend mit den Gewürzen und dem Salz in einer Schüssel kneten, bis sich Saft bildet. • Die Kohlrabimischung fest in das Glas drücken. Das Glas nur bis 4 cm unter dem Rand füllen. Meist ist genügend Saft vorhanden, so daß kein Wasser (abgekocht, lauwarm) zugegossen werden muß. • Das Glas fest verschließen. Den Kohlrabi, vor Licht geschützt, bei 18–20° 1 Woche gären lassen. Dann in den kalten Keller stellen. • Der Kohlrabi ist nach etwa 3 Wochen eßfertig.

Möhren im Gärtopf

Zutaten für 1 Gärtopf von 10 l Inhalt:
100–150 g kleine Zwiebeln · 10 Nelken · 3 Knoblauchzehen · 7500 g Möhren · 60 g Salz · 5 Lorbeerblätter · 2 Eßl. Dillsamen oder Kümmel · 2 Eßl. gelbe Senfkörner · 2 Sträußchen Dill · 2 frische Estragonzweige, ersatzweise 2 Teel. getrockneter, gerebelter Estragon

Zubereitungszeit: 1 Stunde und 30 Minuten

Die Zwiebeln schälen und mit den Nelken bestecken. Die Knoblauchzehen schälen. Die Möhren unter fließendem Wasser sauber bürsten, Wurzel- und Blattansatz abschneiden. Die Möhren feinraspeln. • Die Möhrenraspeln mit allen übrigen Zutaten mischen und lagenweise im Gärtopf einstampfen. Den Gärtopf zu 4/5 füllen. Die Beschwerungssteine auflegen. Falls erforderlich, noch so viel abgekochtes, lauwarmes Wasser nachfüllen, daß die Steine bedeckt sind. • Die Wasserrinne mit einem feuchten Tuch sauber auswischen. Den Deckel aufsetzen und die Rinne mit Wasser füllen. Die Möhren 8-10 Tage bei Zimmertemperatur gären lassen. Dann in den kalten Keller stellen. • Nach 4-6 Wochen sind die Möhren eßfertig.

Möhren im Glas

Bild Umschlag-Vorderseite

Zutaten für 1 Glas von 720 ml Inhalt:
2 kleine Zwiebeln oder Schalotten · 2-3 Nelken · ½ Knoblauchzehe · 600-700 g Möhren · 6 g Salz · ½ Lorbeerblatt · 1½ Teel. Dillsamen oder Kümmel · ½ Teel. gelbe Senfkörner · etwas Dill und Estragon, frisch oder getrocknet

Zubereitungszeit: etwa 30 Minuten

Die Vorbereitung ist die gleiche wie im vorangegangenen Rezept. • Alle Zutaten in einer Schüssel mit der Hand kräftig kneten, dann in das Glas füllen und mit einem kleinen Holzstampfer oder einem Eßlöffel fest zusammendrücken. Das Glas nur bis 4 cm unter dem Rand füllen. Falls erforderlich, noch etwas abgekochtes, lauwarmes Wasser nachfüllen. • Das Glas fest verschließen, mit einem mehrmals gefalteten Tuch bedecken oder einen Karton darüberstülpen, damit es vor Licht geschützt ist. Die Möhren 8 Tage bei Zimmertemperatur gären lassen. Dann in den kalten Keller stellen. • Die Möhren sind nach 4-6 Wochen eßfertig.

Rote Rüben im Glas

Bild Umschlag-Vorderseite

Rote Rüben entwickeln beim Einsäuern ein sehr feines Aroma. Da sie aber stark nachsäuern, wenn man sie längere Zeit aufbewahrt, sollten Sie immer nur kleine Mengen in Gläsern milchsauer einlegen und bald verbrauchen. Rote Rüben sind von festerer Konsistenz. Sie müssen sehr fein geraspelt und kräftig gestampft werden.

Zutaten für 1 Glas von 720 ml Inhalt:
600-700 g rote Rüben/rote Beten · 3-4 Pimentkörner · 6 Korianderkörner · 2 Nelken · ½ Teel. Dillsamen oder Kümmel · etwas Dill und Estragon, frisch oder getrocknet · ¾ Teel. Salz · 1 Knoblauchzehe · 2 Schalotten oder kleine Zwiebeln · 3-4 Scheibchen Meerrettich

Zubereitungszeit: 25 Minuten

Die roten Rüben putzen und unter fließendem Wasser sauber abbürsten. Harte Stellen dünn abschälen. Die Rüben feinraspeln und anschließend mit den Gewürzen und dem Salz mit einem Holzstößel in einer Schüssel kräftig stampfen, bis sich Saft bildet. • Den Knoblauch und die Schalotten oder die Zwiebeln schälen, eventuell halbieren. Die roten Rüben in ein Glas füllen, dabei den Knoblauch, die Schalotten und die Meerrettichscheibchen dazwischenlegen. Das Glas nur bis 5 cm unter den Rand füllen, weil die roten Rüben sehr stark gären. Falls notwendig, noch etwas abgekochtes, lauwarmes Wasser nachfüllen. • Den Deckel fest zuschrauben. Die roten Rüben, vor Licht geschützt, bei Zimmertemperatur 6-7 Tage gären lassen. Dann in den kalten Keller stellen. • Nach etwa 6 Wochen sind die roten Rüben eßfertig. Das Glas vorsichtig öffnen (eventuell ein Tuch darüberlegen), weil der Saft infolge der starken Gärung leicht herausspritzt.

Eingelegter Sellerie

Bild Umschlag-Vorderseite

Zutaten für 1 Glas von 720 ml Inhalt:
¼ l Wasser · 4 g Salz · 700–750 g Knollensellerie · 2 Teel. Einmachgewürz · 4 frische Dillzweige · 1 Zweig frischer Estragon

Zubereitungszeit: 25 Minuten

Das Wasser mit dem Salz aufkochen und abkühlen lassen. Den Sellerie putzen, unter fließendem Wasser sauber abbürsten und dünn schälen. • Damit sich der Sellerie an der Luft nicht verfärbt, immer nur kleine Mengen mittelfein raspeln, sofort mit den Gewürzen und Kräutern mischen und in das Glas füllen. Etwas Salzwasser dazugießen und den Sellerie fest hineindrücken. Dann die nächste Portion Sellerie raspeln und so weiter. • Das Glas nur bis 4 cm unter dem Rand füllen und fest verschließen. Den Sellerie, vor Licht geschützt, bei etwa 20° 8 Tage gären lassen. Dann in den kalten Keller stellen. • Nach 4–6 Wochen eßfertig.

Milchsaure Bohnen

Man kann sowohl grüne Bohnen als auch gelbe Wachsbohnen einsäuern, und zwar am besten jene Sorten, die sich auch zum Einfrieren eignen. Rohe Bohnen enthalten den Giftstoff Phasin, der durch Kochen zerstört wird. Deshalb müssen sie vor dem Einsäuern gekocht werden; sie sollten aber nur knapp gar sein.

Zutaten für 1 Glas von 720 ml Inhalt:
400–500 g Bohnen · ½ Teel. gelbe Senfkörner · 5 Zweige frisches Bohnenkraut · 2 Dillblüten · 4 g Salz

Zubereitungszeit: 25 Minuten

Die Bohnen putzen und waschen. Junge, zarte Bohnen ganz lassen, größere in Stücke brechen. Anschließend die Bohnen mit wenig Wasser in 5–15 Minuten knapp gar kochen. Die Kochbrühe abgießen und auffangen. Die Bohnen auf einer Platte ausbreiten, damit sie schneller abkühlen. • Das Salz in 350 g Bohnenkochbrühe auflösen. Die Bohnen mit den Senfkörnern und den Kräutern in das Glas schichten und vorsichtig hineindrücken. Das lauwarme Salzwasser darübergießen, so daß die Bohnen von der Flüssigkeit bedeckt sind. • Das Glas nur bis 4 cm unter dem Rand füllen und fest verschließen. Die Bohnen, vor Licht geschützt, 8 Tage bei Zimmertemperatur gären lassen. Dann in den kalten Keller stellen. • Nach 3–4 Wochen eßfertig.

Milchsaure Gurken im Gärtopf

Bild Umschlag-Vorderseite

Zum Einsäuern eignen sich am besten mittelgroße Freilandgurken sowie kleine Traubengurken. Sie sollten noch fest sein und keine Kerne haben (Einlegegurken), sonst werden sie schnell weich.

Zutaten für 1 Gärtopf von 10 l Inhalt:
Etwa 5 kg Gurken · 3–4 Zwiebeln · 2–3 Knoblauchzehen · Meerrettichscheibchen · 6–7 Dillblüten oder 1 Eßl. Dillsamen · 6–8 Zweige Estragon · 3 Eßl. Senfkörner · 2 Eßl. Korianderkörner · 5 Lorbeerblätter · etwa 4 l Salzwasser (25 g Salz auf 1 l Wasser)
Zum Abdecken: Himbeer- oder schwarze Johannisbeer- oder Wein- oder Meerrettichblätter, wenn man hat

Zubereitungszeit: 1 Stunde

Die Gurken unter fließendem Wasser gründlich abbürsten. Mit einem spitzen Hölzchen oder einem spitzen Messer mehrmals anstechen, so daß der Flüssigkeitsaustausch besser erfolgen kann. Die Zwiebeln schälen und vierteln. Den Knoblauch schälen. • Die Gurken möglichst dicht in den Gärtopf packen. Die Würzzutaten dazwischen verteilen. Mit Blättern abdecken. Die Beschwerungssteine auflegen, und so viel abgekochtes, lauwarmes Salzwasser zugießen, daß die Steine vollkommen bedeckt sind. • Den Deckel aufsetzen und die Rinne mit Wasser füllen. Die Gurken 8 Tage bei Zimmertemperatur gären lassen. Dann in den kalten Keller stellen. • Nach etwa 3 Wochen sind die Gurken eßfertig.

Eingelegte Paprikaschoten

Zum Einsäuern eignen sich grüne, gelbe und rote Paprikaschoten. Wenn man alle drei Sorten mischt, wirken sie im Glas sehr dekorativ. Ausgesprochen delikat schmecken die roten Paprikaschoten. Wir essen sie gern auf Butterbrot oder auf einem Brot mit mildem Käse.
Zum Einsäuern nimmt man am besten die festen, fleischigen Schoten, die im Herbst angeboten werden. Sie bleiben auch länger knackig als die frühen Sorten, die schneller verbraucht werden müssen. Sind die Paprikastreifen doch einmal weich geworden, kann man sie noch gut unter Saucen oder pikante Quark- und Käsecremes mixen.

Zutaten für 2 Gläser von je 370 ml Inhalt:
500 g rote Paprikaschoten · 4–6 kleine Zwiebeln · 2 Knoblauchzehen · 1 Lorbeerblatt · 20 Pfefferkörner · ½ l Wasser · 2 gestrichene Teel. Salz

Zubereitungszeit: 15 Minuten

Die Paprikaschoten vierteln, entkernen, waschen und in 1 cm breite Streifen schneiden. Die Zwiebeln schälen und halbieren oder vierteln. Den Knoblauch schälen. • Die Paprikastreifen aufrecht in die Gläser füllen, die Würzzutaten dazwischen verteilen. Vorsichtig hineindrücken. Die Gläser nur bis 4 cm unter dem Rand füllen. Das Wasser mit dem Salz aufkochen, abkühlen lassen und über die Paprikastreifen gießen. • Die Gläser fest verschließen. Den Paprika 1 Woche, vor Licht geschützt, bei Zimmertemperatur gären lassen. Dann in den kalten Keller stellen. • Nach etwa 4 Wochen können die Paprikastreifen gegessen werden.

Zwiebeln im Glas

Durch das Einsäuern verlieren die Zwiebeln jede Schärfe. Kleine Zwiebeln eignen sich besonders gut; sie werden im ganzen eingelegt, größere schneidet man in Viertel oder Achtel.

Zutaten für 1 Glas von 720 ml Inhalt:
350–400 g kleine Zwiebeln · ½ Lorbeerblatt · ½ Teel. Korianderkörner · 3 Nelken · 2 Teel. Einmachgewürz · etwa 300 g abgekochtes, lauwarmes Salzwasser (15 g Salz pro 1 l Wasser)

Zubereitungszeit: 25 Minuten

Die Zwiebeln schälen. Alle Gewürze in das Glas geben, die Zwiebeln darüberschichten, so daß wenig Zwischenräume bleiben. Das Glas nur bis 4 cm unter dem Rand füllen und so viel abgekochtes, lauwarmes Salzwasser dazugießen, daß die Zwiebeln bedeckt sind. • Das Glas fest verschließen. Die Zwiebeln, vor Licht geschützt, bei Zimmertemperatur 8–10 Tage gären lassen. Dann in den kalten Keller stellen. • Nach etwa 6 Wochen sind die Zwiebeln eßfertig.

Knoblauch

Knoblauch bekommt durch das Einsäuern ein feines, nußartiges Aroma und verliert viel von seinem penetranten Geruch. Milchsaurer Knoblauch paßt überall dort, wo man ihn sonst frisch verwendet.
Nehmen Sie zum Einsäuern die frischen Knollen, die im Herbst auf den Markt kommen. Abgelagerte Zehen, die schon zu keimen beginnen, sind nicht mehr geeignet.

Zutaten für 1 kleines Glas von 120–150 ml Inhalt: 4–5 Knoblauchknollen · 1 Teel. Einmachgewürz · ¼ Lorbeerblatt · etwa 100 g abgekochtes, lauwarmes Salzwasser (15 g Salz pro 1 l Wasser)

Zubereitungszeit: 15 Minuten

Die Knoblauchknollen zerteilen, die Zehen schälen und mit den Gewürzen in das Glas füllen. 3 cm unter dem Rand frei lassen und so viel Salzwasser dazugießen, bis die Zehen bedeckt sind. • Das Glas fest verschließen. Den Knoblauch, vor Licht geschützt, bei Zimmertemperatur 8–10 Tage gären lassen. Dann in den kalten Keller stellen. • Nach etwa 6 Wochen kann der Knoblauch verbraucht werden.

Buntes Mischgemüse

Alles Gemüse, das gerade im Garten geerntet werden kann, wird hier bunt gemischt. Sollte der Topf beim ersten Mal nicht voll werden, kann man während der nächsten 10 Tage noch »nachlegen«. Es muß aber immer genügend Salzwasser über dem Gemüse stehen, damit es vor Luftzutritt geschützt ist. Rote Rüben und Rotkraut kann man dazu allerdings nicht verwenden, weil sich sonst die ganze Mischung rot verfärbt.

*Das alles kann in den Gärtopf kommen:
Kohlrabi, grob geraspelt oder in Stifte geschnitten ·
Möhren, geraspelt oder in dünne Scheibchen gehobelt ·
Gurken, mit Holzstäbchen angestochen ·
Tomaten, halbreif, fest, mit Holzstäbchen angestochen ·
Blumenkohl, in Röschen zerteilt ·
Bohnen, in 5–15 Minuten knapp gar gekocht ·
Wirsing und Weißkraut, in Stücke zerteilt, Strunk und dicke Blattrippen geraspelt (harte Außenblätter entfernen) ·
Paprikaschoten, entkernt, in Stücke geschnitten ·
Zwiebeln, ganz oder geviertelt ·
Knoblauchzehen
Zum Würzen: reichlich Dill und Estragon, etwas Thymian und Liebstöckel/Maggikraut, Meerrettichscheibchen, Lorbeerblätter, Senfkörner, Koriander,
Zum Abdecken: Weißkraut- oder Wirsingblätter
Zum Übergießen: Salzwasser (25 g Salz pro 1 l Wasser)*

Das Gemüse gründlich waschen und putzen, falls nötig schälen und zerteilen. • Die Gemüsestücke möglichst dicht in den Gärtopf schichten und die Würzzutaten dazwischen verteilen. Mit Blättern abdecken. • Die Beschwerungssteine auflegen. Mit abgekochtem, lauwarmem Salzwasser aufgießen. Den Deckel aufsetzen und die Rinne mit Wasser füllen. Das Gemüse 8–10 Tage bei Zimmertemperatur gären lassen, dann in den kalten Keller stellen. • Nach etwa 4 Wochen kann das Gemüse als köstlicher Frischkostsalat serviert werden.Man richtet es mit kaltgepreßtem Öl und frischen Kräutern an.

Eingesäuerte Pilze

Leider sind Waldpilze heute so sehr mit Cadmium und anderen Schadstoffen belastet, daß wir uns fragen müssen, ob es überhaupt noch ratsam ist, wildwachsende Pilze einzusäuern. Aber auch Pilze aus eigener Zucht kann man einsäuern. Geeignet sind alle festfleischigen Arten, jedoch keine Röhrenpilze; sie werden zu schleimig. Durch die milchsaure Gärung werden die Pilze leichter verdaulich, und auch scharf oder bitter schmeckende eßbare Arten gewinnen an Geschmack. Am besten säuert man Pilze in Gläsern ein. Wenn sie einmal angebrochen sind, sollten sie im Kühlschrank aufbewahrt und der Inhalt bald verbraucht werden.

Zutaten für 2 Gläser von je 720 ml Inhalt:
1 kg Pilze · 15 g Salz · 10 g Honig · Gewürze wie Knoblauch, kleine Zwiebeln, Lorbeerblätter, Thymian, Rosmarin und Kümmel · 1 Tasse Sauermilch

Zubereitungszeit: 45 Minuten

Die Pilze putzen, waschen und in dicke Scheiben schneiden. Die Scheiben in wenig Wasser einmal aufkochen und abtropfen lassen. • Anschließend die Pilze lagenweise mit Salz, Honig und den Gewürzen in Gläsern schichten. Die Gläser nur bis 4 cm unter den Rand füllen. Die saure Milch darübergießen. Die Lake muß über den Pilzen stehen. Andernfalls noch abgekochtes, lauwarmes Salzwasser darübergießen. • Die Gläser fest verschließen. Die Pilze, vor Licht geschützt, 8–10 Tage bei Zimmertemperatur gären lassen. Dann im kühlen Keller aufbewahren.

Tip: Da sich beim Einsäuern viel Schleim bildet, müssen die Pilze abgespült werden, bevor man sie verwendet. Sie können sie als Salat anmachen oder als Gemüse zubereiten.

Eingelegte Weinblätter

Ende Juni, wenn der Sommerschnitt der Reben durchgeführt wird, sind die Blätter noch zart genug, so daß man sie einlegen oder auch gleich frisch verarbeiten kann. Selbstverständlich können nur Blätter von ungespritzten Weinstöcken verwendet werden.

Zutaten für 1 Glas von 1 l Inhalt:
¾ l Wasser · 2 gestrichene Teel. Salz · 50–60 zarte Weinblätter · 5–6 Thymianzweige · 5 Zweige Zitronenthymian (falls vorhanden)

Zubereitungszeit: 15 Minuten

Das Wasser mit dem Salz aufkochen und auf Handwärme abkühlen lassen. Die Weinblätter waschen, die Stiele mit der Küchenschere abschneiden. • Die Blätter in das Glas schichten und die Kräuter dazwischenlegen. Die Blätter zusammendrücken und das lauwarme Wasser aufgießen, so daß das Glas bis 3 cm unter dem Rand gefüllt ist. • Das Glas fest verschließen. Die Weinblätter, vor Licht geschützt, bei Zimmertemperatur 10–12 Tage gären lassen. Dann in den kalten Keller stellen. • Nach etwa 8 Wochen können die Weinblätter weiterverwendet werden.

Tip: Weinblätter mit pikanten Füllungen sind eine Spezialität der griechischen und türkischen Küche. Die nach obigem Rezept eingelegten Blätter müssen vor dem Füllen 5 Minuten in Gemüsebrühe oder Wasser blanchiert werden, sonst bleiben sie hart.

Feines mit milchsauren Gemüsen

Gerade für eilige Köchinnen und Köche ist milchsauer eingelegtes Gemüse ideal: Man steigt wie einst Witwe Bolte in den Keller, holt sich eine oder mehrere Portionen vom Eingesäuerten, macht es mit reichlich kaltgepreßtem Öl an, streut frische Kräuter darüber – und fertig ist eine köstliche Frischkostplatte.

Sie können milchsaures Gemüse auch mit frischem Gemüse oder mit Äpfeln mischen; das mildert den Geschmack und ergibt neue, delikate Salatvariationen.

Bei uns kommt eingesäuertes Gemüse meistens roh auf den Tisch, dann bleibt sein würziges Aroma am besten erhalten und die Milchsäure wie auch die hitzeempfindlichen Vitamine werden nicht durch Kochen zerstört. An Speisen, die gegart werden, wie zum Beispiel Suppen, kommt das milchsauer eingelegte Gemüse meist ganz zum Schluß, so daß es nur noch erwärmt wird.

Sauerkrautsalat mit Trauben

125 g Nackthafer · ¼ l Wasser · 400 g Sauerkraut · 200 g blaue Weintrauben · 2 Äpfel
Für die Sauce: 200 g saure Sahne · 3 Eßl. Sonnenblumenöl · 1 Eßl. gehackte Petersilie

Zubereitungszeit: 40 Minuten

Den Hafer in dem Wasser 10 Minuten kochen und weitere 20 Minuten auf der ausgeschalteten Herdplatte ausquellen lassen. • Inzwischen das Sauerkraut etwas kleinschneiden. Die Trauben gründlich mit warmem Wasser waschen, dann halbieren und entkernen. Die Äpfel vierteln, entkernen und in Scheibchen schneiden. Den Hafer dazugeben und alles locker mischen. • Die saure Sahne und das Öl verrühren und unter den Salat heben. Den Sauerkrautsalat mit der Petersilie bestreuen und sofort servieren.

Rot-weißer Krautsalat

Für die Joghurtmayonnaise: 1 Eigelb · 2 Eßl. Obstessig · 1 Teel. scharfer Senf · 5 Eßl. Sonnenblumenöl · 150 g Joghurt · ¼ Teel. Kräutersalz · 1½ Eßl. feine Zwiebelwürfel
Für den Salat: 200 g Weißkraut · 2 Gewürzgurken oder milchsaure Gurken · 250 g Sauerkraut · 1–2 Köpfe Radicchio · etwas Essig und Sonnenblumenöl · 1 Eßl. kleingeschnittener Schnittlauch

Zubereitungszeit: 20 Minuten

Zuerst alle Zutaten für die Joghurtmayonnaise verrühren; die Zwiebelwürfel zuletzt untermengen. • Das Weißkraut in sehr feine Streifen hobeln, den Strunk feinraspeln. Die Gurken würfeln und zufügen. Das Sauerkraut dazugeben und die Sauce unterheben. • Den Radicchio putzen, waschen und trockenschleudern. Die Blätter kranzförmig auf eine runde Platte legen und mit wenig Essig und Öl beträufeln. Den Krautsalat im Blätterkranz anrichten und mit dem Schnittlauch bestreuen.

Sauerkrautfrischkost mit roten Rüben

250 g Sauerkraut · 125 g rote Rüben/rote Beten · 125 g säuerliche Äpfel · 2 getrocknete, saftige Aprikosen oder 1 Eßl. dunkle kalifornische Rosinen (ungeschwefelt) · 1 Becher Sahnejoghurt (175 g) · 2 Eßl. Zitronensaft · 10 halbe Walnußkerne

Zubereitungszeit: 20 Minuten

Das Sauerkraut etwas kleinschneiden. Die roten Rüben unter fließendem Wasser sauber bürsten, die Wurzel und den Blattansatz abschneiden. Die Rüben mit der Schale mittelfein reiben. Den Apfel vierteln, entkernen und in dünne Scheibchen schnitzeln. Die Aprikosen halbieren und in schmale Streifen schneiden. • Den Joghurt mit dem Zitronensaft verquirlen und mit allen Salatzutaten vermengen. • Den Salat in eine Schüssel füllen und mit den Walnüssen garnieren.

Gefüllte Paprikaschoten

Für die Mayonnaise: 1 Eigelb · 1 Teel. mittelscharfer Senf · ¼ Teel. Kräutersalz · frisch gemahlener schwarzer Pfeffer · 1 Eßl. Zitronensaft · 5 Eßl. Sonnenblumenöl
Für die Salatsauce zusätzlich: 100 g Joghurt · 1 Eßl. Sahne · 2 Eßl. feingehackte Petersilie
Für den Salat: 125 g Sauerkraut · 100 g Knollensellerie · 100 g Äpfel · 2 rote Paprikaschoten · 1 Eßl. Kürbiskerne, schalenlos gewachsen
Zum Garnieren: Feldsalat/Rapünzchen oder Kresse

Zubereitungszeit: 20 Minuten

Zuerst aus den angegebenen Zutaten die Mayonnaise rühren. Anschließend von der Mayonnaise 2 Eßlöffel abnehmen und mit den Saucenzutaten die Salatsauce zubereiten. Die restliche Mayonnaise anderweitig verwenden; sie hält sich im Kühlschrank etwa 8 Tage. • Das Sauerkraut etwas kleinschneiden. Den Sellerie unter fließendem Wasser gründlich abbürsten. Nur die harten Stellen schälen, dann die Knolle feinraspeln. Den Apfel entkernen und ebenfalls raspeln. Alle Salatzutaten mischen und die Sauce unterheben. • Die Paprikaschoten längs halbieren. Die Kerne entfernen. Dann die Schoten waschen und abtropfen lassen. Den Salat hineinfüllen. Die gefüllten Schotenhälften auf eine Platte setzen und mit den Kürbiskernen bestreuen. Zum Schluß die Salatplatte mit den geputzten Rapünzchen oder der Kresse garnieren.

Sauerkraut mit Kastanien

Eßkastanien sind ab November frisch zu haben. Sie schmecken gut zu Sauerkraut, das im folgenden Rezept nur sanft erwärmt, aber nicht gekocht wird. So bleiben alle wertvollen Inhaltsstoffe am besten erhalten.

500 g Maronen/Eßkastanien · 200 g Zwiebeln · 4 Eßl. Sonnenblumenöl · 3 Eßl. trockener Weißwein · 200 g säuerliche Äpfel · 500 g Sauerkraut · 2 Eßl. Korinthen · 60 g Butter · 1 Teel. getrockneter, gerebelter Thymian oder frische Thymianblättchen · Kräutersalz

Zubereitungszeit: 50 Minuten

Die Maronen waschen, am spitzen Ende kreuzweise einschneiden und mit Wasser bedeckt 20 Minuten garen. Anschließend die Schalen und die braunen Innenhäutchen ablösen. Dabei nur jeweils 3–4 Stück aus dem Sud nehmen, denn wenn die Kastanien abgekühlt sind, läßt sich die Innenhaut nur schwer abziehen. • Während die Maronen kochen, die Zwiebeln schälen und grobwürfeln. Die Würfel in einer großen Pfanne in dem Öl und ½ Eßlöffel Wein glasig braten. Inzwischen die Äpfel vierteln, entkernen und in Scheibchen schneiden. Die Apfelscheibchen mit dem restlichen Wein zu den Zwiebeln geben und in der geschlossenen Pfanne nur einige Minuten garen; die Mischung soll bißfest bleiben. • Das Sauerkraut kleinschneiden, mit den Korinthen, der Butter und dem Thymian in die Pfanne geben. Bei kleinster Hitze ziehen lassen, bis das

Kraut erwärmt ist. • Die geschälten Kastanien vorsichtig untermischen. Das Ganze mit Kräutersalz abschmecken und eventuell nochmals erwärmen.

Das paßt dazu: Kartoffelpüree aus 500 g Kartoffeln, mit Sahne und Milch (halb und halb) schaumig gerührt.

Variante: Rotkraut mit Kastanien wird ebenso zubereitet.

Ungarischer Krautkuchen

Bild Seite 18

Zutaten für 1 Springform (24–26 cm ∅):
Für den Teig: 15 g Hefe · 175 g lauwarme Buttermilch oder Sauermilch · 2½ Eßl. Sonnenblumenöl · ½ Teel. Kräutersalz · 175 g Weizen · 75 g Roggen · ½ Teel. Kümmel · 50 g Reibkäse
Für die Füllung: 450 g Sauerkraut · 125 g Zwiebeln · 200 g Äpfel · 1 grüne und 1 rote Paprikaschote · 6 Eßl. Sonnenblumenöl · 1 Teel. Kümmel · 2 Teel. edelsüßes Paprikapulver · ½ Teel. Rosenpaprikapulver · ¾ Teel. Kräutersalz · eventuell 1–3 Eßl. trockener Weißwein
Zum Bestreuen: 125 g Esrom-Käse (60% Fett i. Tr.) oder eine ähnliche pikante Sorte · 1–2 Teel. Kümmel
Für die Form: Butter

Vorbereitungszeit: 70 Minuten (einschließlich Teigzubereitung)
Backzeit: 40 Minuten

Die Hefe in der Milch auflösen. Das Öl und das Salz damit verrühren. Das Getreide mit dem Kümmel mehlfein mahlen. Alle Zutaten mit der Küchenmaschine gründlich durchkneten. Den Teig zugedeckt etwa 30 Minuten gehen lassen, bis er sein Volumen ungefähr verdoppelt hat. • Inzwischen die Füllung vorbereiten. Das Sauerkraut etwas kleinschneiden. Die Zwiebeln schälen und in feine Streifen schneiden. Die Äpfel entkernen und grobraspeln. Die Paprikaschoten entkernen und in kleine Würfel schneiden. Das Öl und die Gewürze dazugeben und alles vermengen. Falls die Füllung zu trocken ist, noch etwas Wein unterrühren. • Eine gefettete Springform mit dem Teig auslegen, den Teigrand bis zum Springformrand hochziehen. 10 Minuten gehen lassen. • Das Kraut einfüllen und etwas zusammendrücken. Den Käse in der Moulinette hacken und auf dem Kraut verteilen. Etwas Kümmel darüberstreuen. • Den Krautkuchen in den kalten Backofen schieben und bei 200° auf der untersten Schiene etwa 40 Minuten backen. • Sollte vom Krautkuchen etwas übrig bleiben, kann man ihn aufbacken; er schmeckt dann wie frisch.

Tip: Rationeller ist es, jeweils die doppelte Teigmenge zuzubereiten. Man kann die eine Hälfte einfrieren oder gleichzeitig mit dem Kuchen Brötchen daraus backen.

Rotkrautsalat mit Äpfeln

60 g Zwiebeln · 150 g säuerliche Äpfel · 2–3 Eßl. grob gehackter Thymian · 400 g milchsaures Rotkraut · 4 Eßl. Sonnenblumenöl · eventuell 1–2 Eßl. Apfelessig

Zubereitungszeit: 10 Minuten

Die Zwiebeln schälen und feinwürfeln. Die Äpfel entkernen und möglichst mit der Schale in feine Scheiben schnitzeln. Alle Salatzutaten mit dem Öl in einer Schüssel mischen und eventuell noch mit etwa Apfelessig abschmecken.

Beim bunten Möhren-Paprika-Salat ergänzen sich frisches und milchsauer eingelegtes Gemüse zu einer wertstoffreichen Frischkost. Rezept auf dieser Seite. ▷

Bunter Möhren-Paprika-Salat

Bild gegenüber

1 gelbe Paprikaschote · 200 g Salatgurke · 200 g milchsaure Möhren · 200 g Hüttenkäse · 2 Eßl. gehackter Kerbel oder Petersilie

Zubereitungszeit: 10 Minuten

Die Paprikaschote aufschneiden, entkernen, waschen und in schmale Streifen schneiden. Die Gurke waschen, möglichst mit der Schale in kleine Würfel schneiden oder mit der Küchenmaschine grobraspeln. • Die Paprikastreifen, die Gurkenwürfel, die Möhren und den Hüttenkäse locker mischen und mit den Kräutern bestreut sofort servieren.

Variante: Die Paprikaschote weglassen und je 250 g Gurke und milchsaure Möhren nehmen. 3 Eßlöffel Sonnenblumenkerne goldgelb rösten und den Salat damit bestreuen.

Möhrenbrot

Schon beim ersten Ausprobieren waren wir von dem feinen, würzigen Geschmack ganz begeistert. Die gerösteten Sonnenblumenkerne und die Nüsse geben dem Brot erst den richtigen Biß!

Zutaten für 1 Brot:
100 g Milch · 250 g Molke (ersatzweise 350 g Reine Buttermilch) · 20 g Hefe · 2 gestrichene Teel. Salz · 2 Teel. Anis · 100 g Roggen · 400 g Weizen · 50 g Buchweizen · 150 g milchsaure Möhren · 75 g Sonnenblumenkerne · 50 g Haselnußkerne
Für das Backblech: Butter

Vorbereitungszeit: 45 Minuten
Ruhezeit: 1 Stunde und 50 Minuten
Backzeit: 1 Stunde

Die Milch und die Molke (beides sollte Zimmertemperatur haben) mischen und die Hefe darin auflösen. Das Salz und die Aniskörner dazugeben. Alles Getreide feinmahlen, nach und nach zur Hefemilch geben. Den Teig gründlich durchkneten. • Den weichen Teig zugedeckt etwa 1 Stunde bei Zimmertemperatur gehen lassen, bis er sein Volumen fast verdoppelt hat. • Inzwischen die Möhren, falls nötig, in der Moulinette noch etwas zerkleinern. Die Sonnenblumenkerne in einer Pfanne ohne Fett unter Umwenden goldgelb rösten, dann abkühlen lassen. Die Nüsse längs halbieren. Das Backblech sehr gut einfetten. • Den Teig nochmals kurz durchkneten. Die Möhren, die Sonnenblumenkerne (2 Eßlöffel zum Bestreuen zurücklassen) und die Nüsse mit den Knethaken oder von Hand kurz unterkneten. Den Teig weitere 20–30 Minuten zugedeckt gehen lassen. • Anschließend den weichen Teig zusammendrücken und auf das Backblech stürzen. Mit nassen Händen und einem nassen Teigschaber einen länglichen Laib formen. Das Brot dreimal quer einschneiden. Die restlichen Sonnenblumenkerne aufstreuen und fest andrükken. • Das Brot 20 Minuten gehen lassen. Den Backofen auf 220° vorheizen. Das Blech auf der untersten Schiene einschieben. Nach 10 Minuten auf 180° zurückschalten und das Brot in 50 Minuten fertigbacken. • Das Möhrenbrot lauwarm vom Blech nehmen und auf einem Kuchengitter auskühlen lassen. Erst am nächsten Tag anschneiden. Kühl aufbewahrt bleibt das Brot etwa 3 Tage frisch.

So schmeckt's am besten: mit Butter bestrichen oder mit mildem Käse belegt.

◁ Appetitlich anzusehen und delikat im Geschmack ist die Pilzklößchensuppe, für die wir Majoran und Pilzpulver aus unserem Vorrat verwenden. Rezept Seite 78.

Wirsingsalat mit Möhren

Für die Sauce: 6 Eßl. saure Sahne · 4 Eßl. Sonnenblumenöl · ¼ Teel. gemahlener Kümmel · 2 Eßl. feingehackte frische Kräuter (Petersilie, Schnittlauch, Dill, Borretsch, Liebstöckel)
Für den Salat: 250 g Wirsing · 2 milchsaure Zwiebeln · 300 g milchsaure Möhren

Zubereitungszeit: 15 Minuten

Zuerst alle Zutaten für die Sauce verrühren. • Dann den Wirsing putzen, waschen und in Viertel schneiden, anschließend in feine Streifen hobeln. Den Strunk feinraspeln. Die Zwiebeln würfeln und zufügen. Die Möhren dazugeben und die Sauce unterheben.

Reissalat mit Möhren

150 g Naturreis (Mittelkorn) · 1 Lorbeerblatt · 300 g Wasser · 1 Gemüsebrühwürfel · 1 kleine grüne Paprikaschote · 1 kleine Zwiebel (50 g) · 200 g körniger Frischkäse (Hüttenkäse) · 150 g milchsaure Möhren · 3 Eßl. Sonnenblumenöl · 2 Eßl. feingehackte Petersilie · 2–3 Teel. frisch geriebener Meerrettich · ½ Kopfsalat · krause Petersilie

Quellzeit: über Nacht
Zubereitungszeit: 35 Minuten
Marinierzeit: 1 Stunde

Den Reis mit dem Lorbeerblatt über Nacht in dem Wasser einweichen. • Am nächsten Tag den Reis mit dem Einweichwasser und dem Brühwürfel in 20–25 Minuten bei kleiner Hitze körnig kochen. • Eventuell noch vorhandene Kochflüssigkeit abgießen und das Lorbeerblatt herausnehmen. Den Reis abdampfen lassen. • Inzwischen die Paprikaschote vierteln, von den Kernen befreien, waschen und in feine Streifen schneiden. Die Zwiebel schälen und feinwürfeln. • Die Paprikastreifen, die Zwiebelwürfel, den Frischkäse und die Möhren mit zwei Gabeln unter den warmen Reis ziehen. Das Öl und die Petersilie dazugeben und mit dem Meerrettich abschmecken. Den Salat im Kühlschrank zugedeckt 1 Stunde durchziehen lassen. • Die Salatblätter waschen, trockenschleudern und eine flache Schale damit auslegen. Den Reissalat daraufhäufen. In die Mitte einen Kranz von abgezupfter Petersilie legen und mit 1–2 Teelöffeln milchsauren Möhren krönen.

Rote-Rüben-Suppe

1 l Gemüsebrühe (selbstgemacht) oder Wasser · 125 g Lauch/Porree · 125 g Chinakohl · 125 g Knollensellerie · 30 g Dinkel, feingemahlen · 2 Gemüsebrühwürfel · 250 g milchsaure rote Rüben/rote Beten · 125 g Sahne · 15 g Butter · Kräutersalz

Zubereitungszeit: 25 Minuten

½ l Gemüsebrühe oder Wasser zum Kochen bringen. Inzwischen den Lauch putzen, längs halbieren, gründlich waschen und in feine Streifen schneiden (auch das zarte Lauchgrün verwenden). Vom Chinakohl die einzelnen Blätter ablösen und waschen. Dann längs halbieren und feinschneiden. Den Sellerie unter fließendem Wasser sauber bürsten, nur falls nötig schälen, in Stücke schneiden und in der Moulinette kleinhacken. Das Gemüse in der kochenden Brühe beziehungsweise dem Wasser 5 Minuten leise kochen lassen. • Inzwischen den Dinkel in der restlichen Brühe oder dem Wasser anrühren und mit den Brühwürfeln zum Gemüse geben. Unter Umrühren einmal aufkochen und auf der ausgeschalteten Herdplatte einige Minuten ziehen lassen. • Die roten Rüben in der Moulinette noch etwas zerkleinern und in die Suppe geben. Die Hälfte der Sahne und die Butter unterrühren. Die Suppe mit wenig Kräutersalz abschmecken. Unter Umrühren vorsichtig erwärmen, aber nicht mehr kochen lassen. • Die restliche Sahne steif schlagen. Die Suppe auf vier Teller verteilen und mit einem Sahnehäubchen garnieren.

Tip: Gemüsebrühe, die Sie aus Gemüseabfällen (auch Blättern und Strünken) selbst kochen, gibt den damit zubereiteten Speisen zusätzlich Aroma. Man läßt die Gemüsestücke mit Kräutern etwa 20 Minuten in leise kochendem Wasser ziehen und siebt dann ab. Da diese Brühe kein Salz enthält, sollten Sie auch hier mit den im Rezept angegebenen Gemüsebrühwürfeln ergänzen.

Lauch-Apfel-Salat mit roten Rüben

Für die Sauce: 200 g Sahnejoghurt · 5 Eßl. Sahne · 2 Eßl. Sonnenblumenöl · 1–2 Eßl. Saft von den roten Rüben · 2 Teel. Birnendicksaft · 1 Teel. mittelscharfer Senf
Für den Salat: 150 g zarter weißer Lauch/Porree · 2 säuerliche Äpfel (200–250 g) · 300 g milchsaure rote Rüben/rote Beten

Zubereitungszeit: 15 Minuten

Alle Zutaten für die Sauce verrühren. • Den Lauch putzen, längs halbieren, gründlich waschen und in feine Streifchen schneiden. 1 kleines Stück Lauch zum Garnieren zurücklassen. Die Äpfel entkernen, in dünne Scheibchen schnitzeln und mit den Lauchstreifen mischen. Die roten Rüben dazugeben. • Die Sauce unterheben. Den zurückbehaltenen Lauch in Ringe schneiden und den Salat damit garnieren.

Chinakohlsalat mit roten Rüben

Für die Sauce: 200 g Joghurt · 100 g Sahne · 1 Eßl. Sonnenblumenöl · 1 Eßl. Zitronensaft · 1 Eßl. frisch geriebener Meerrettich · 1 Teel. getrocknete Salatkräuter · 5 frische, ersatzweise getrocknete Datteln · 1 kleine Zwiebel
Für den Salat: 200 g Chinakohl · 100 g säuerliche Äpfel · 200 g milchsaure rote Rüben/rote Beten · 2 Eßl. gehobelte Haselnüsse

Zubereitungszeit: 25 Minuten

Den Joghurt mit der Sahne, dem Öl, dem Zitronensaft, dem Meerrettich und den Salatkräutern verrühren. Die Datteln entkernen und in Streifchen schneiden. Die Zwiebel schälen und sehr fein würfeln. Beides unter die Sauce rühren. • Vom Chinakohl die einzelnen Blätter ablösen, waschen und in feine Streifen schneiden.
Die Äpfel entkernen und in dünne Scheiben schnitzeln. Die roten Rüben dazugeben. Die Sauce unterheben und den Salat mit den Nüssen bestreuen.

Reissalat mit Sellerie

100 g Naturreis (Mittel- oder Langkorn) · 200 g Wasser · 1 Lorbeerblatt · ½ Gemüsebrühwürfel · 100 g milchsaure Zwiebeln · 100 g milchsaurer Sellerie · 1 rote Paprikaschote (100 g) · 1 Eßl. feingehackte

Kräuter (Petersilie und wenig Dill) · ½ Kopfsalat oder 100 g Feldsalat/Rapünzchen
Für die Sauce: 1 kleines Ei · 2 Teel. mittelscharfer Senf · ¼ Teel. Kräutersalz · 1 Eßl. saure Sahne · 1 Eßl. Obstessig · 2 Eßl. Sonnenblumenöl · 1 Eßl. Olivenöl · frisch gemahlener Pfeffer

Quellzeit für den Reis: über Nacht
Vorbereitungszeit: 30 Minuten
Garzeit: 20–25 Minuten
Marinierzeit: 30 Minuten

Den Reis in dem kalten Wasser mit dem Lorbeerblatt über Nacht einweichen. • Am nächsten Tag den Brühwürfel dazugeben. Den Reis aufkochen und bei kleinster Hitze 20–25 Minuten ausquellen lassen. Das Lorbeerblatt danach herausnehmen. • Während der Reis gart, alle Zutaten für die Sauce verrühren. • Die Zwiebeln würfeln und mit dem Sellerie unter den Reis mischen. Die Sauce unterheben. Den Salat 30 Minuten zugedeckt durchziehen lassen. • Die Paprikaschote aufschneiden, die Kerne entfernen. Die Schote waschen und in schmale Streifen schneiden. Die Paprikastreifen zusammen mit den Kräutern unter den Salat mischen. • Die Kopfsalatblätter waschen und trockenschleudern oder die Rapünzchen putzen und waschen. Den Reissalat in einem Kranz von Kopf- oder Feldsalat anrichten.

Selleriequark

600 g Quark · 8 Eßl. Sahne · 60 g milchsaure Zwiebeln · 1½ rote Paprikaschoten · 200 g milchsaurer Sellerie · 1 gestrichener Teel. Selleriesalz · 1 gestrichener Teel. Kurkuma · 4–5 Eßl. feingeschnittene Kräuter (Petersilie, Kerbel, Schnittlauch)
Zum Garnieren: Kerbel

Zubereitungszeit: 20 Minuten

Den Quark mit der Sahne cremig rühren. Die Zwiebeln feinwürfeln. Die Paprikaschoten waschen, entkernen und in Würfel schneiden (2 Eßlöffel zum Garnieren beiseite stellen). • Die Zwiebeln, die Paprikawürfel und den Sellerie unter den Quark rühren. Mit dem Selleriesalz, dem Kurkuma und den Kräutern abschmecken. • Den Quark in eine Schüssel füllen und mit den zurückbehaltenen Paprikawürfeln und etwas Kerbel garnieren.

Gefüllte Gurkenschiffchen

Für die Sauce: 1 Eigelb · 1 Teel. mittelscharfer Senf · frisch gemahlener schwarzer Pfeffer · ¼ Teel. Kräutersalz · 3 Eßl. Sonnenblumenöl · 100 g Joghurt · 2 Eßl. feingehackte Kräuter (Petersilie, Liebstöckel)
Für den Salat: 1 Salatgurke (400–500 g) · 150 g milchsaurer Sellerie · 150 g milchsaure Möhren · einige Kopfsalatblätter · 2 Eßl. gehobelte Haselnüsse

Zubereitungszeit: 20 Minuten

Aus dem Eigelb, dem Senf, Pfeffer, dem Kräutersalz und dem Öl eine Mayonnaise rühren. Anschließend den Joghurt und die Kräuter damit verrühren. • Die Gurke waschen, möglichst nicht schälen, dann quer in 10 cm lange Stücke schneiden. Die Gurkenstücke längs halbieren, die Kerne und etwas vom Gurkeninneren herausnehmen. • Den Sellerie und die Möhren getrennt mit jeweils 6 Eßlöffeln Salatsauce mischen. Die Hälfte der Gurkenstücke mit Möhren, die andere Hälfte mit Selleriesalat füllen. • Die Gurkenschiffchen auf die gewaschenen Salatblätter setzen und mit den Nüssen bestreuen.

Bunter Salat mit Bohnen

200 g Chinakohl · 200 g feste, reife Tomaten · 1 grüne Paprikaschote · 1 große Zwiebel (80 g) · 1 Tasse schwarze Oliven, in Essig eingelegt · 150 g milchsaure Bohnen · 2 Eßl. feingehackte Petersilie · frisch gemahlener schwarzer Pfeffer · ¼–½ Teel. Kräutersalz · 4 Eßl. Olivenöl · 2 Eßl. Sonnenblumenöl

Zubereitungszeit: 20 Minuten

Vom Chinakohl die einzelnen Blätter ablösen, waschen und in Streifen schneiden. Die Tomaten halbieren und in Scheiben schneiden. Die Paprikaschote vierteln, entkernen, waschen und in Streifen schneiden. Die Zwiebel schälen und feinwürfeln. Die Oliven entkernen. Die Bohnen, falls sie länger sind, in 3–4 cm große Stücke schneiden. • Alle Salatzutaten mit der Petersilie in eine Schüssel geben, pfeffern, salzen und mit dem Öl beträufeln. Den Salat locker mischen und sofort servieren.

Kartoffelsalat mit Bohnen

800 g kleine, festkochende Kartoffeln · ½ Gemüsebrühwürfel · 2 Teel. mittelscharfer Senf · ¼ Teel. frisch gemahlener schwarzer Pfeffer · 100 g frische oder milchsaure Zwiebeln · 400 g milchsaure Bohnen · 1½ Eßl. Obstessig · 2 Eßl. Sonnenblumenöl · 2 Eßl. Olivenöl · 100 g Feldsalat/Rapünzchen · 2 Eßl. feingehacktes Bohnenkraut, Thymian und Petersilie

Vorbereitungszeit: 30 Minuten
Garzeit für die Kartoffeln: 25–30 Minuten
Marinierzeit: 30 Minuten

Die Kartoffeln unter fließendem Wasser sauber bürsten und in wenig Wasser nicht zu weich kochen. Heiß schälen und in Scheiben schneiden. ½ Tasse Kartoffelkochbrühe aufbewahren. • Den Brühwürfel in der heißen Kochbrühe auflösen. Den Senf und den Pfeffer damit verrühren. Die Brühe über die Kartoffeln gießen. • Die Zwiebeln feinwürfeln. Die Bohnen in 1 cm große Stücke schneiden. Beides zu den Kartoffeln geben. Den Essig darübergießen und vorsichtig mischen. Das Öl unterheben und den Kartoffelsalat zugedeckt bei Zimmertemperatur 30 Minuten durchziehen lassen. • Den Feldsalat putzen, waschen und trockenschleudern. Kurz vor dem Servieren die Kräuter unter den Kartoffelsalat heben. Den Salat auf einer Platte anrichten und mit den Rapünzchen umkränzen.

Variante: Schwedischer Kartoffelsalat
Die Hälfte der milchsauren Bohnen durch milchsaure oder frische feingeraspelte rote Rüben ersetzen. Den Salat mit 1–2 Eßlöffeln frischem geriebenem Meerrettich abschmecken. 4 wachsweich gekochte Eier halbieren, auf dem Salat anrichten und mit krauser Petersilie garnieren.

Kartoffelsuppe mit milchsauren Bohnen

Die milchsauren Bohnen geben der Suppe eine feinsäuerliche Würze. Anfangs hatte ich vor lauter Begeisterung zuviel Bohnen genommen, und die Suppe schmeckte zu sauer – probieren Sie also das Rezept zunächst mit der kleineren Menge aus.

400 g Kartoffeln · 100 g Möhren · 1 Lorbeerblatt · 800–900 g Gemüsebrühe (selbstgemacht) oder Wasser · 1 Stange Lauch/Porree · 3 Gemüsebrühwürfel ·

100–150 g milchsaure Bohnen · je 1 Teel. getrockneter, gerebelter Majoran und Thymian und ½ Teel. getrockneter Liebstöckel oder die doppelte Menge frische Kräuter · 125 g Sahne · 1–2 Eßl. feingehackte Petersilie

Zubereitungszeit: 30 Minuten

Die Kartoffeln und die Möhren unter fließendem Wasser sauber bürsten, danach grobraspeln. Mit dem Lorbeerblatt in 600 g Gemüsebrühe oder Wasser 8 Minuten kochen. • Inzwischen den Lauch putzen, längs aufschneiden und gründlich waschen. Dann in Streifen schneiden und zu den Kartoffeln geben. Noch 8–10 Minuten kochen. • Die Bohnen kleinschneiden. Das Lorbeerblatt aus der Suppe nehmen und das Gemüse mit dem Schneidstab des Elektrogerätes im Topf pürieren. Die Brühwürfel, die Bohnen und die restliche Brühe hinzufügen. Die Kräuter zerreiben und mit der Sahne unter die Suppe rühren. • Die Kartoffelsuppe vorsichtig erwärmen, aber nicht kochen lassen, und vor dem Servieren mit der Petersilie bestreuen.

Gefüllter Staudensellerie

Die gefüllten Selleriestangen sind ein hübscher Blickfang auf jedem Salatbuffet.

300 g milchsaure rote Paprika · 300 g Doppelrahm-Frischkäse · ½ Teel. Kräutersalz · Cayennepfeffer · 1 Staude Bleichsellerie/Stangensellerie · 2 Eßl. Pinienkerne

Zubereitungszeit: 25 Minuten

Die Paprikastreifen abtropfen lassen. Dann zusammen mit dem Frischkäse mit dem Schneidstab des Handmixers zu einer Creme mixen. Oder die Paprikastreifen feinhacken und unter den Frischkäse rühren. Mit dem Salz und mit Cayennepfeffer abschmecken. • Die Selleriestangen waschen und quer halbieren. Mit der Paprikacreme füllen und auf einer runden Platte sternförmig anordnen. • Die Pinienkerne in einer Pfanne ohne Fett unter Umwenden einige Minuten rösten und auf die Paprikacreme streuen.

Tip: Sie können die pikante Creme auch als Dip zu Chicoréeblättern, Zucchinistreifen und Selleriestangen servieren.

Variante: Avocados mit Paprikacreme
Die Paprikacreme wie oben zubereiten, feingewürfelten Staudensellerie untermengen und alles kräftig abschmecken. 3 Avocados halbieren und den Kern herausheben. Die Avocadohälften auf Kopfsalatblätter legen, mit der Paprikacreme füllen und mit Sellerieblättchen garnieren. Die Menge ergibt 6 Portionen.

Knoblauch-Kerbel-Butter

125 g weiche Butter · 6 große milchsaure Knoblauchzehen · 2 Handvoll Kerbel · ¼–½ Teel. Kräutersalz

Zubereitungszeit: 10 Minuten

Die Butter cremig rühren. Die Knoblauchzehen durch die Knoblauchpresse drücken und unterrühren. Den Kerbel waschen, trockentupfen, feinschneiden und unter die Knoblauchbutter rühren. Mit dem Kräutersalz abschmecken.

Paßt gut zu: warmen Fladenbrötchen, Vollkornbrot, neuen Kartoffeln, Vollkornnudeln, Champignons, Möhren und zu anderen Gemüsen.

Das Trocknen – eine alte Kunst

Schon vor Jahrtausenden nutzten unsere Vorfahren die Sonnenwärme und den Wind, um ausgegrabene Wurzeln, frisch gesammelte Früchte, das Fleisch der erlegten Tiere oder die eben gefangenen Fische durch Trocknen für längere Zeit haltbar zu machen. In späteren Zeiten dörrte man Birnen, Äpfel und Zwetschgen nach dem Brotbacken in der Nachwärme der alten steinernen Backöfen oder in der Röhre des Kachelofens.
Heute ist dank der modernen Technik das Trocknen einfacher und sicherer geworden als früher. Elektrisch beheizte Dörrapparate machen es der Hausfrau leicht, Obst, Gemüse, Pilze und Kräuter schnell und schonend zu konservieren.

Was geschieht beim Trocknen?
Beim Trocknen wird den Lebensmitteln Wasser entzogen, so daß sich keine Fäulnisbakterien und Schimmelpilze mehr darauf entwickeln können. Bei sachgemäßer Lagerung bleibt das Dörrgut längere Zeit - in der Regel bis zur nächsten Ernte - haltbar.
Durch Trocknen wird das Aroma der meisten Lebensmittel noch intensiver: getrocknete Früchte schmecken süßer, Pilze und Kräuter würziger als in frischem Zustand. Nichts wird - wie etwa beim Sterilisieren - ausgelaugt oder »verwässert«. Da Früchte und Gemüse zwischen 75 und 90% Wasser enthalten, schrumpfen sie beim Trocknen stark zusammen. Sie brauchen also nur wenig Platz im Vorratsschrank und sind jederzeit in der gerade benötigten Menge griffbereit.
Leider gehen jedoch beim Trocknen durch die Einwirkung von Sauerstoff und Wärme sowie durch verschiedene Enzymreaktionen die in den Lebensmitteln enthaltenen Vitamine zum Teil verloren. Nach Angaben der »Großen GU Vitamin- und Mineralstoff-Tabelle« (Gräfe und Unzer Verlag) betragen die Verluste beim Trocknen von Obst beispielsweise bei Carotin (einer Vorstufe des Vitamin A) 80–90%, bei Vitamin B_1 20–30%, bei Vitamin B_2 10–18%, bei Niacin 37%, bei Pantothensäure 33% und bei Vitamin C 50–70%.
Beim Trocknen von Gemüse liegen diese Werte zum Teil noch höher. Doch für Gemüse gibt es ja auch andere, bessere Möglichkeiten der Vorratshaltung, zum Beispiel die Milchsäuregärung. Wenn die Trockentemperaturen zu hoch liegen, werden Pflanzeneiweiß und Enzyme zerstört. Dagegen bleiben die Mineralstoffe auch in den getrockneten Lebensmitteln erhalten.
Trotz mancher Nachteile haben gerade die Trokkenfrüchte in der Vollwertküche ihren festen Platz: Wir schätzen sie als natürliche Süßungsmittel für Gebäck, Süßspeisen und Konfekt. Im übrigen können wir bei einer vollwertigen Ernährung unseren Vitaminbedarf auf andere Weise decken.

Richtig trocknen und dörren

Beim Trocknen kommt es darauf an, den Lebensmitteln auf möglichst schonende Weise die Feuchtigkeit zu entziehen. Die richtige, nicht zu hohe Temperatur und eine gleichzeitige gute Durchlüftung sind die wichtigsten Voraussetzungen für einen schonenden Trockenprozeß.
An warmen, trockenen Sommertagen kann man das Dörren im Freien probieren. Das gelingt am ehesten mit Kräutern und Pilzen. Auf dem sonnendurchwärmten Speicher trocknen Tee- und Küchenkräuter besonders gut. Weniger erfolgreich verlaufen solche Experimente mit Obst und Gemüse. Die Sonnenwärme allein reicht bei uns meist nicht aus. Das im Freien ausgebreitete oder an Schnüren aufgehängte Obst lockt außerdem Bienen, Wespen und andere Insekten an. Einfacher und sicherer gelingt das Trocknen im Heißluftherd. Große Stücke kann man direkt auf den Backofenrost legen. Für kleinere Stücke

muß der Rost mit Backpapier oder Pergamentpapier belegt werden. Auch die Backbleche legt man mit Backpapier aus. Während des Trocknens muß das Dörrgut ab und zu gewendet werden, weil die Auflagestellen länger feucht bleiben. Die Trockentemperaturen liegen zwischen 50 und 70°. Im allgemeinen bleibt die Backofentür während des Trocknens geschlossen. Beim Trocknen von sehr feuchtem Obst oder Gemüse ist es jedoch zweckmäßig, während der ersten 2 Stunden die Backofentür mehrmals zu öffnen, damit die feuchte Luft schneller abziehen kann. Bei dieser Gelegenheit wischt man auch das sich an der Innenseite der Backofentür bildende Kondensat ab.
Im konventionell beheizten Backofen dauert das Trocknen wegen der fehlenden Luftzirkulation länger. Um zu erreichen, daß alles gleichmäßig trocknet, müssen Rost und Backbleche gelegentlich vertauscht werden. Der Backofen wird auf 50 bis 70° aufgeheizt. Damit die Feuchtigkeit nach außen abziehen kann, klemmt man einen Kochlöffelstiel in die Tür. Allerdings hat das Trocknen im Backofen einen Nachteil: Während der gesamten Trockenzeit, die bis zu 36 Stunden betragen kann, ist der Backofen blockiert oder muß ausgeräumt werden, wenn man zwischendurch backen möchte.
Am einfachsten ist das Trocknen mit einem elektrischen Dörrapparat wie dem »Dörrex« (Bezugsquellen siehe Seite 104). Wir benutzen das Gerät seit über 10 Jahren mit bestem Erfolg. Das Drahtgeflecht der runden Dörrsiebe besteht aus Edelstahl, so daß eine Oxidation des Dörrgutes und eine Schwarzfärbung an den Auflagestellen vermieden wird. Die Siebe lassen sich leicht reinigen; bei stärkerer Verschmutzung durch eingetrockneten Obstsaft legen wir sie einige Zeit in kaltes Wasser und bürsten sie anschließend mit einer Handbürste ab. Der Dörrex hat einen 4-Stufen-Thermostat, so daß auch empfindliche Kräuter und Pilze schonend getrocknet werden können. Sehr saftige Früchte trocknen wir bei höheren Temperaturen vor und schalten später auf eine niedrigere Stufe zurück. An warmen Tagen stellen wir den Apparat auf die Terrasse (Elektroanschluß muß vorhanden sein). Zum Schutz vor Insekten wird das oberste Sieb leer aufgesetzt. Abends kommt das Gerät ins Haus, damit das Dörrgut in der Nachtluft keine Feuchtigkeit anzieht. (Wenn viel gebacken wird, sind die umgedrehten Siebe übrigens als zusätzliche Kuchengitter sehr praktisch.) Ein ähnliches Gerät - mit Kunststoffsieben - stellt die Firma Starmix her. Während beim Dörrex der Ventilator durch die aufsteigende Warmluft langsam bewegt wird, wird er beim »Starmix VitaSafe« durch einen Motor angetrieben.

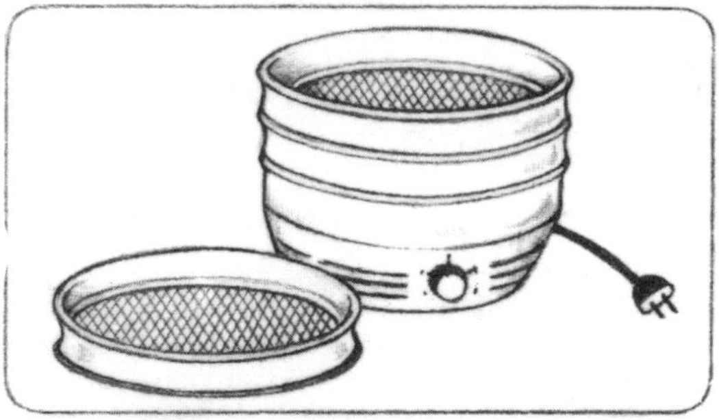

Wer häufig getrocknete Vorräte herstellen will, sollte sich einen elektrischen Dörrapparat, zum Beispiel den »Dörrex«, anschaffen. Bezugsquellen Seite 104.

Geschickte Bastler können sich einen Trockenofen auch selbst bauen. Man sollte dazu aber nur biologisch einwandfreies Material verwenden. Ein solcher »Trockenschrank« wurde schon in der »Hobbythek« gezeigt.
Wer, wie wir, einen Kachelofen im Haus hat, der verfügt damit über eine weitere Möglichkeit. Im Herbst und im Winter trocknen wir nämlich Äpfel, Birnen und Zwetschgen in unserem Kachelofen. Das vorbereitete Obst wird auf Backofen- oder

Kuchenrosten - noch besser auf den Dörrex-Sieben - ausgebreitet und in der Röhre getrocknet. Am günstigsten ist es, wenn man die Dörrsiebe versetzt übereinander stapelt. Damit die Früchte nicht zu stark erhitzt werden, trocknen wir im vorderen Bereich der Röhre und lassen dabei die Türchen offen. Die Temperatur kontrollieren wir mit einem Backofenthermometer (in Haushaltsgeschäften erhältlich). Es wird *auf* das Dörrgut gestellt und zeigt an, welche Temperatur dort erreicht ist. Oben auf dem Kachelofen, wo ungefähr eine Temperatur von 25-30° herrscht, ist der ideale Platz für das Trocknen von Kräutern, Pilzen und Apfelschalen. Auch vorgetrocknetes Obst und Gemüse kann dort fertig getrocknet werden.

Trockentemperaturen – Trockenzeiten

Gemüse, Obst, Pilze und Kräuter sollten so schnell, aber auch so schonend wie möglich getrocknet werden, damit die Inhaltsstoffe weitgehend erhalten bleiben. Empfindliche Kräuter dürfen dabei nicht über 30-35°, Pilze nicht über 40°, Obst und Gemüse nicht über 50-60° erwärmt werden.
Genaue Trockenzeiten anzugeben ist leider nicht möglich. Es kommt dabei auf die Größe und Dikke der Stücke und auf ihren Wassergehalt an. Auch die Luftfeuchtigkeit der Umgebung, die Trockentemperatur und das Dörrgerät spielen eine Rolle. Je nach Beschaffenheit des Dörrgutes sollte der Dörrvorgang in 10-36 Stunden abgeschlossen sein. Mit etwas Erfahrung und Fingerspitzengefühl können Sie leicht feststellen, ob das Obst oder Gemüse genügend getrocknet sind. Lassen Sie dazu einige Stücke abkühlen - in warmem Zustand sind sie nämlich weicher als in kaltem - und prüfen Sie dann ihre Beschaffenheit. Dörrfrüchte sollen noch etwas elastisch sein, also auf Fingerdruck nachgeben. Beim Zerschneiden dürfen keine feuchten Stellen mehr sichtbar sein. Am besten, man kostet einige Stücke, denn gerade hier geht Probieren über Studieren. Wurzelgemüse fühlt sich lederartig an. Pilze brechen und Kräuter lassen sich leicht zerbröseln, wenn sie fertig getrocknet sind.

Getrocknete Vorräte richtig aufbewahren

Früher füllte man die gedörrten Früchte in Stoffsäckchen und hängte sie an einem kühlen, trokkenen Platz auf. Doch Getrocknetes zieht leicht die Feuchtigkeit aus der Luft an. Es kann schimmeln und von Schädlingen befallen werden.
Am besten halten sich die getrockneten Vorräte, kühl gestellt und vor Licht geschützt, in dicht schließenden Behältern. Ideal sind Gläser mit Schraubdeckel. Auch Frischhaltedosen aus Kunststoff sind geeignet, ebenso Blechdosen, die innen goldlackiert sind, wie zum Beispiel Honigeimer. Alle anderen Blechdosen wie auch Aluminiumdosen sollten nicht verwendet werden, weil das Metall bei längerer Lagerung von den Fruchtsäuren angegriffen wird.
Kontrollieren Sie Ihre Vorräte alle 4 Wochen, anfangs auch öfter. Erscheinen sie feucht oder haben sich gar Wassertröpfchen gebildet, müssen sie nachgetrocknet und die Behälter gründlich gereinigt werden.
Bei richtiger Lagerung halten sich getrocknete Lebensmittel zwar jahrelang, doch ihr Gehalt an Vitaminen und anderen Inhaltsstoffen nimmt mit der Zeit stark ab. Die Vorräte sollten deshalb bis zur nächsten Ernte aufgebraucht werden.

Das Trocknen von Obst und Nüssen

Zum Trocknen eignen sich nur süße, reife Früchte ohne schlechte Stellen. Nicht ausgereiftes, fade schmeckendes Obst wird auch durch Trocknen nicht aromatischer. Nach Möglichkeit sollte man bei trockenem, sonnigem Wetter ernten. Beeren und andere Früchte, die während oder nach einer längeren Schlechtwetterperiode gepflückt werden müssen, sind meist wäßrig und lassen sich schlecht trocknen. Hinzu kommt, daß sich in diesen Früchten oft bereits Schimmelsporen eingenistet haben, die durch das Trocknen nicht vernichtet werden. Wenn Sie solches Obst getrocknet haben, ist eine häufige Kontrolle der Vorräte also besonders wichtig, denn die Schimmelgefahr ist groß.

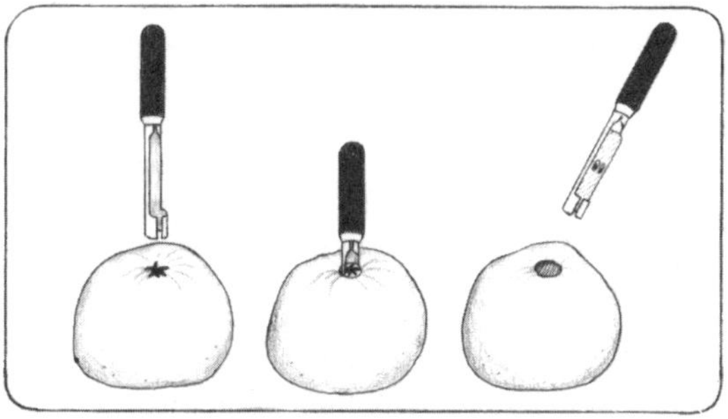

Es gibt viele nützliche Kleingeräte, die die Verarbeitung von Obst erleichtern. Mit dem Apfelausstecher läßt sich das Kerngehäuse rasch und sauber entfernen.

Vor dem Trocknen wird das Obst, wenn möglich, gründlich gewaschen, um die auf der Oberfläche haftenden Schadstoffe wenigstens teilweise zu entfernen. Äpfel und Birnen aus biologischem Anbau werden nur geschält, wenn die Schalen zu hart sind, wie das bei alten Bauernsorten manchmal der Fall ist. Sind Sie sich über die Herkunft des Obstes nicht im klaren, sollten Sie es schälen und die Schalen wegwerfen.

Damit die Früchte gleichmäßig trocknen, müssen sie während des Trockenvorgangs ab und zu umgewendet werden. Bei dieser Gelegenheit legt man sie näher zusammen und gewinnt so Platz für den Nachschub.
Bevor man das Dörrobst in geeignete Behälter füllt, muß es völlig ausgekühlt sein.
Obst verliert beim Trocknen sehr viel an Feuchtigkeit: getrocknete Äpfel haben noch etwa 10–15%, getrocknete Birnen, entsteinte, getrocknete Zwetschgen und Kirschen noch etwa 20–25% ihres Frischgewichts.

So werden Früchte und Nüsse vorbereitet und getrocknet:

Äpfel
Nur reife Früchte ohne größere Schadstellen verwenden. Lageräpfel erst ausreifen lassen. Nur Äpfel mit harter Schale schälen, schlechte Stellen großzügig ausschneiden. Für Apfelringe das Kernhaus mit einem Apfelausstecher entfernen und die Äpfel in Ringe von 8–10 mm Dicke schneiden. Oder die Äpfel vierteln, entkernen und die Stücke in 1½ cm dicke Schnitze teilen. Die Drahtsiebe während des Trocknens ab und zu schütteln, damit die Schnitze gewendet werden. • Apfelschnitze, die zu stark getrocknet wurden, hängt man in einem Stoffsäckchen in einem kühlen Raum auf. Im Laufe der Zeit nehmen sie so viel Feuchtigkeit auf, daß sie wieder elastisch werden.

Tip: Apfelschalen, Birnenschalen und die Kerngehäuse ergeben einen aromatischen, fruchtigen Tee. Man trocknet sie auf Dörrsieben bei 30–35° im Dörrapparat oder – wenn man hat – oben auf dem Kachelofen.

Ananas
Zum Trocknen nur gut ausgereifte Früchte nehmen; man erkennt sie an ihrer dunkelorangen

bis kupferroten Farbe und an ihrem intensiven Duft. Die Ananas in 1–2 cm dicke Scheiben schneiden und die Schale ringsherum mit einem spitzen Messer ablösen. Anschließend die Scheiben in 2 × 2 cm große Stücke oder Dreiecke teilen und dabei den inneren holzigen Teil der Frucht abschneiden. • Getrocknete Ananasstückchen sind ein köstliches Konfekt, mit dem wir unsere Gäste ab und zu überraschen.

Aprikosen
Nur reife Aprikosen trocknen. Die Früchte waschen, halbieren, entkernen und mit der Schnittfläche nach oben auf die Dörrsiebe legen.

Bananen
Reife Früchte mit kleinen braunen Punkten eignen sich am besten. Die Bananen schälen, in 1 cm dicke Scheiben schneiden oder quer halbieren und jede Hälfte der Länge nach in Viertel teilen (ergibt pro Banane 8 Streifen).

Birnen
Birnen sollen zum Trocknen vollreif und schon etwas teigig sein. Kleine Birnen kann man ungeschält im ganzen trocknen, doch schneller trocknen sie, wenn man sie halbiert und das Kernhaus heraussticht. Große Birnen vierteln und entkernen. • Geschälte Birnen eignen sich getrocknet gut für Konfekt und Marmelade.

Erdbeeren
Zum Trocknen nur festfleischige, aromatische Früchte nehmen. Den Blütenansatz entfernen, die Beeren halbieren und mit der Schnittfläche nach oben auf die Dörrsiebe legen. • Sie schmecken wie allerfeinste Fruchtbonbons.

Hagebutten
Die roten Früchte der Heckenrose enthalten viel Vitamin C und außerdem auch andere Vitamine (A, B_1, B_2, K, P) sowie Mineralstoffe, Fruchtsäuren und Pflanzenfarbstoffe. Von den Hagebutten Stiel und Blütenansatz mit einem scharfen Messer entfernen. Die Früchte bei etwa 40° im ganzen trocknen. Das Entkernen ist sehr mühsam und auch nicht sinnvoll, weil die Wirkstoffe teilweise auch in den Kernen enthalten sind. • Hagebuttentee schmeckt nicht nur gut, sondern ist auch sehr gesund! Er wird seit langem als Vorbeugungsmittel gegen Erkältungskrankheiten empfohlen. Zur Teebereitung die getrockneten Früchte mit einem scharfen Messer anschneiden oder mit der Moulinette etwas zerkleinern.

Johannisbeeren, Heidelbeeren, Stachelbeeren
Unsere Versuche, Johannisbeeren, Heidelbeeren und Stachelbeeren zu trocknen, verliefen nicht sehr befriedigend: das Trocknen dauerte lange, die Beeren mußten oft gewendet werden; ein Arbeitsaufwand, der sich nicht lohnt. Es ist daher besser, diese Beerenarten einzufrieren.

Kirschen (Süßkirschen)
Getrocknete Kirschen sind eine Köstlichkeit, sofern Sie reife, fleischige Früchte nehmen. Die Kirschen sollten auch während der Reifezeit möglichst wenig Regen abbekommen haben, sonst sind sie zu wäßrig. Aufgeplatzte Früchte schimmeln leicht und eignen sich deshalb nicht. • Am einfachsten ist es, die Kirschen mit Kern zu trocknen, doch dann sind sie nur als süße Lutschbonbons zu verwenden. Der Kern läßt sich nämlich aus den getrockneten Kirschen auch nach dem Einweichen kaum noch entfernen. Man sollte sich also die Mühe machen, die Kirschen vor dem Trocknen zu entkernen. • Sehr saftreiche Frühkirschen etwa 5 Stunden vortrocknen lassen, dann die Kerne von Hand herausdrücken und fertig trocknen. Fleischige Spätkirschen vor dem Trocknen entkernen. Sie sind dickschaliger als die frühen Sorten, so daß sich aus den vorgetrockneten Früchten die Kerne nur schwer herausdrücken lassen. • Auch die

Kirschkerne kann man sammeln und ein »Kirschsteinsäckchen«, eine Wärmflasche nach Art unserer Großeltern, damit herstellen. Wie man's macht können Sie auf der nächsten Seite nachlesen.

Tip: Ein leistungsfähiger Kirschenentkerner, mit dem sich auch größere Mengen in verhältnismäßig kurzer Zeit verarbeiten lassen, ist sehr praktisch. Der ablaufende Saft wird aufgefangen und eingefroren. Man kann ihn für Fruchtsaucen oder Marmelade (siehe Seite 80) verwenden.

Mirabellen
Die Früchte werden halbiert, entkernt und mit der Schnittfläche nach oben auf die Dörrsiebe gelegt.

Nüsse
Frisch geerntete Walnüsse oder Haselnüsse trocknen am besten an einem luftigen, sonnigen Platz im Freien. Man füllt sie in dünner Schicht in Dörrsiebe oder flache Obststeigen (Lattenkisten aus Holz). Ab und zu rüttelt man die Siebe oder die Steigen hin und her, um die Nüsse zu wenden. • Sind die Nüsse trocken, was bei gutem Wetter nach 3–4 Tagen der Fall ist, bewahrt man sie ungeschält in Körben oder anderen luftdurchlässigen Behältern auf. An einem kühlen, trockenen Platz bleiben sie bis zum Frühjahr frisch. • Nur bei sehr ungünstiger, feuchter Witterung trocknet man mit künstlicher Wärme. Die Trockentemperatur sollte dabei 20–22° nicht übersteigen, weil die Nüsse sonst leicht ranzig werden.

Renekloden/Reineclauden
Die Früchte verlieren beim Trocknen zwar einiges von ihrem zarten, duftigen Aroma, schmekken aber angenehm säuerlich und erfrischend. Die reifen Früchte entkernen, vierteln und mit der Schalenseite auf die Dörrsiebe legen.

Rhabarber
Zum Trocknen eignen sich am besten die frühen zarten Rhabarberstangen. Von den Stangen Stielende und Blattansatz abschneiden. Dicke Stangen längs halbieren. Dann in 1–2 cm lange Stücke schneiden.

Zitronen- und Orangenschalen
Die Schalen von chemisch unbehandelten Zitronen oder Orangen (andere sollte man zum Trocknen nicht nehmen) kann man auch bei Zimmertemperatur an der Luft trocknen. Die Früchte heiß abwaschen und dünn abschälen. Die getrockneten, grob zerkleinerten Zitrusschalen eignen sich gut zum Aromatisieren von Tees. • Als Würze für Süßspeisen und Gebäck konserviert man die abgeriebenen frischen Schalen dagegen besser in Honig.

Zwetschgen
Zum Trocknen eignen sich am besten gut ausgereifte Spätzwetschgen, die am Stielansatz schon etwas eingeschrumpft sind. Mit Stein getrocknete Zwetschgen schmecken zwar etwas aromatischer, verarbeiten kann man die Früchte aber später leichter, wenn sie vor dem Trocknen entsteint worden sind. Zum Trocknen klappt man die entkernten Früchte wieder zusammen oder legt sie ausgebreitet, mit der Schalenseite nach unten, auf die Dörrsiebe.

Getrocknete Früchte in der Küche

Getrocknete Birnen, Äpfel, Zwetschgen und alle die anderen Köstlichkeiten schätzen wir als natürliches, mineralstoffreiches Süßungsmittel in der Vollwertküche ganz besonders. Am liebsten essen wir die Dörrfrüchte so, wie sie sind, oder machen Naturkonfekt und Marmeladen daraus,

die intensiv nach Früchten schmecken. Auch die Weihnachtsbäckerei wäre ohne Dörrobst kaum denkbar.
Bevor Sie die folgenden Rezepte ausprobieren, noch ein paar nützliche Tips:

- Wenn Sie Dörrobst kaufen, achten Sie darauf, daß es nicht geschwefelt ist. Schwefel zerstört Vitamin B_1, behindert die Zellatmung und kann zur Entstehung von Krebs mit beitragen. In größeren Mengen aufgenommen, kann er Übelkeit, Kopfschmerzen und Durchfall hervorrufen.
- Waschen Sie gekauftes Dörrobst gründlich, um es von eventuell vorhandenen Verunreinigungen zu befreien.
- Ob Dörrobst eingeweicht werden muß oder nicht, hängt vom Verwendungszweck ab. Außerdem spielt es eine Rolle, ob die Trockenfrüchte noch saftig oder schon sehr trocken sind.
- Muß das Obst eingeweicht werden, läßt man es knapp mit Wasser (auch Apfelschalentee oder Apfelsaft) bedeckt quellen, bis es weich, aber noch bißfest ist. Das ist bei ganzen Früchten nach etwa 2-6 Stunden, bei zerkleinertem Obst nach etwa 60 Minuten der Fall. Lauwarmes Wasser verkürzt die Einweichzeit.
- Zum Zerkleinern von Dörrobst nehmen wir einen Universalzerkleinerer wie beispielsweise die Moulinette. Trockene Früchte kann man auch mit der Rohkostreibe mancher Küchenmaschinen raspeln, eingeweichte Früchte durch den Fleischwolf drehen oder mit dem Schneidstab des Handmixers pürieren.
- 100 g Dörrobst entsprechen etwa 400-500 g frischen Früchten.

Großmutters Kirschsteinsäckchen
Dieses Säckchen ist ein altes Hausmittel bei vielerlei Beschwerden. Die »trockene Wärmflasche« wird im Backofen oder in der Röhre des Kachelofens bei 120° 1-2 Stunden aufgeheizt. Das Säckchen paßt sich den Körperkonturen gut an und kühlt nie so stark aus wie die üblichen Wärmflaschen. Man kann den Kirschsteinsack auch im Gefriergerät kühlen und als Eisbeutel benützen. • So wird der Kirschsteinsack hergestellt: Zunächst die Kerne einige Stunden in Wasser einweichen. Anschließend mit grobem Sand (aus dem Sandkasten oder der Baustoffhandlung) mischen und mit den Händen durchreiben, bis die noch anhaftenden Fruchtfleischreste entfernt sind. Dann die Kerne auf ein grobes Sieb (zum Beispiel einen Durchschlag) schütten und den Sand herausspülen. Die Kerne in dünner Schicht auf Dörrsieben an der Luft trocknen lassen, dabei die Siebe gelegentlich schütteln. Die getrockneten Kerne in ein passendes Säckchen aus Naturgewebe füllen und dieses in einen Baumwollüberzug stecken.

Das Trocknen von Gemüse

Auf Seite 42 war schon die Rede davon, daß die Verluste an Vitaminen und anderen Vitalstoffen beim Trocknen von Gemüse verhältnismäßig hoch sind. Deshalb sollte man Gemüse nur ausnahmsweise trocknen und sonst besser geeignete Konservierungsmethoden wie etwa die Frischlagerung (siehe Seite 10,11) oder die Milchsäuregärung (siehe Seite 14) wählen.
Beim Trocknen verliert das Gemüse allerdings auch 80-90% seines Frischgewichts. Es wird also leicht und braucht nur wenig Platz. Deshalb eignet es sich besonders gut zur Selbstverpflegung auf Reisen.
Dörrgemüse ist kalorienarm. Einige Sorten wie Zucchini, Gurken, Tomaten oder Möhren schmecken auch ohne weitere Zubereitung gut. Wer Gewichtsprobleme hat, sollte einmal getrocknete Gemüse statt der üblichen Knabbereien probieren.
So wird Gemüse vorbereitet und getrocknet: Nur tadelloses, frisches Gemüse eignet sich

zum Trocknen. Es wird sauber geputzt und gewaschen. Harte Gemüsesorten wie zum Beispiel Bohnen werden 2–3 Minuten in kochendem Wasser blanchiert, dann bleiben Farbe und Aroma besser erhalten, und das Gemüse wird schneller gar.

Blumenkohl
Den Blumenkohlkopf in Röschen teilen. Zarte Stücke vom Strunk in dünne Scheibchen hobeln oder grobraspeln und ebenfalls trocknen.

Bohnen
Junge, zarte Bohnen in kochendem Wasser 2 Minuten blanchieren. Nicht abschrecken. Sofort nebeneinander auf die Dörrsiebe legen und trocknen. • Auch getrocknete Bohnen müssen nach dem späteren Einweichen noch gegart werden; sie dürfen niemals roh gegessen werden (siehe Seite 27).

Bohnenschalen
Ein Tee aus getrockneten Bohnenschalen hat wassertreibende (diuretische) Wirkung. In der Volksmedizin wird er angewandt bei Harnverhaltung und Wassersucht, bei Nierensteinen, Nierenentzündung, Blasenleiden sowie bei Gicht und Ischias. • Die Schoten müssen an der Pflanze völlig ausreifen. Anschließend entfernt man die Bohnenkerne und trocknet die Schalen bei 30° an der Luft oder im elektrischen Dörrapparat. • Für Bohnenschalentee 1 gehäuften Eßlöffel geschnittene Bohnenschalen mit ¼ l kaltem Wasser übergießen, zum Sieden bringen und 3–5 Minuten kochen lassen. Dann abseihen und 2–3 mal täglich ¼ l trinken. (Aus: M. Pahlow, Das große Buch der Heilpflanzen, Gräfe und Unzer Verlag.)

Gemüseabfälle
Wenn sie zwar einwandfrei, aber für Salate und Gemüsegerichte nicht mehr zu gebrauchen sind, werden sie ebenfalls getrocknet. Sie sind die Grundlage für würzige Gemüsebrühen, aus denen man Suppen, Saucen oder eine Trinkbrühe zubereiten kann.

Tip: Bei der Zubereitung von Gemüsebrühe sollte man immer einige frische oder getrocknete Brennesselspitzen oder -blätter mitkochen, da Brennesseln sehr mineralstoffreich sind und noch viele andere gesundheitlich wertvolle Inhaltsstoffe enthalten.

Hülsenfrüchte
Erbsen und Bohnen, die zum Frischessen zu groß und zu hart geworden sind, können ebenfalls getrocknet werden. Man läßt sie an der Pflanze ausreifen und trocknen. Anschließend werden sie aus den Hülsen gelöst, locker ausgebreitet und noch 8–10 Tage an der Luft nachgetrocknet. • Konnten die Schoten infolge ungünstigen Wetters nicht an der Pflanze voll ausreifen, legt man sie zunächst zum Trocknen aus und entkernt sie, wenn sie brüchig geworden sind.

Kohlrabi
Junge, zarte Kohlrabi schälen, in Stifte oder 3 mm dicke Scheiben schneiden (am besten mit der Brotschneidemaschine) oder grobraspeln; anschließend trocknen. Kohlrabi schmecken wie frisch, wenn man sie in Wasser aufquellen läßt.

Lauch/Porree
Die Lauchstangen putzen, längs halbieren und gründlich unter fließendem Wasser waschen; dann in 1 cm breite Streifen schneiden.

Tip: Leider entwickeln Lauch und auch Zwiebeln beim Trocknen einen durchdringenden Geruch. Deshalb sollte man diese Gemüsearten nur im Freien trocknen; sonst besser frisch verwenden oder einfrieren.

Möhren
Unter fließendem Wasser sauber bürsten, in 3 mm dicke Scheiben schneiden oder grobraspeln.

Paprika- und Pfefferschoten (Peperoni)
Die Schoten aufschneiden und entkernen. Dann waschen und in 1 cm breite Streifen schneiden. • Getrocknete Paprikaschoten und Peperoni eignen sich gut als pikante Würze für Suppen, Saucen und Gemüsegerichte.

Tomaten
Ausgereifte, aber noch feste Tomaten halbieren oder in Schnitze schneiden. Mit der Schalenseite nach unten auf die Dörrsiebe legen und 15–20 Stunden trocknen. Schneller trocknen Tomatenscheiben von 1 cm Dicke. Sie kleben zwar zunächst an den Sieben fest, lassen sich aber leicht ablösen, wenn sie getrocknet sind. • Getrocknete Tomaten kann man als Würze für Suppen und Gemüsegerichte verwenden oder so essen, wie sie sind. Noch würziger schmecken Tomaten, wenn man sie vor dem Trocknen mit wenig Picata bestreut.

Weißkraut und Wirsing
Die Krautköpfe vierteln, den Strunk entfernen und grobraspeln. Die Krautviertel in 1–2 cm breite Streifen schneiden und diese mit dem geraspelten Strunk locker auf den Dörrsieben ausbreiten.

Zucchini und Gurken
Beide behalten beim Trocknen ihren Geschmack viel besser als beim Einfrieren. Junge Zucchini und Gurken in Scheiben von 1 cm Dicke schneiden und nebeneinander auf die Dörrsiebe legen. Will man sie später als »Chips« zum Knabbern anbieten, bestreut man sie vor dem Trocknen mit wenig Delikata oder Picata.

Das Trocknen von Pilzen

Man kann fast alle Pilzarten trocknen. Manche von ihnen gewinnen dabei noch an Aroma und Würzkraft – das gilt besonders für Steinpilze, Habichtspilze, Maipilze, Totentrompeten und Nelkenschwindlinge. Getrocknete Krause Glucke und Morcheln schmecken nach dem Einweichen wieder wie frisch. Trocknen kann man außerdem alle eßbaren Röhrenpilze, Täublinge und Ritterlinge, auch den Graublättrigen Schwefelkopf, den Reifpilz, den Parasol, Stockschwämmchen und Champignons. Pfifferlinge sollte man frisch essen, sie werden beim Trocknen zäh.
Nur junge, frische Pilze eignen sich zum Trocknen. Am besten putzen Sie sie schon beim Sammeln im Wald sorgfältig, denn die Pilze dürfen nicht gewaschen werden; sie würden dabei zuviel Feuchtigkeit aufnehmen und später leicht schimmeln. Deshalb sollte man Pilze zum Trocknen auch nicht bei Regenwetter sammeln. Die geputzten Pilze (eventuell noch vorhandene Erdreste lassen sich mit einem harten Pinsel oder einer weichen Zahnbürste gut abstreifen) werden in ½ cm dicke Scheiben geschnitten, kleine Exemplare werden nur halbiert. Dann fädelt man sie auf Schnüre oder breitet sie flach auf den Dörrsieben aus. Bei schönem Wetter können die Pilze im Freien, in der Sonne oder im Halbschatten, getrocknet werden. Abends nimmt man die Pilze ins Haus, weil sie sonst die Feuchtigkelt der Nachtluft aufnehmen und schimmeln oder faulen. Bei kühlem, feuchtem Wetter trocknet man die Pilze im elektrischen Dörrapparat oder im Backofen bei maximal 40°, bis sie dürr sind und sich leicht durchbrechen lassen.
Getrocknete Pilze halten sich an einem trockenen, dunklen Platz in gut verschlossenen Schraubgläsern etwa ein Jahr. Man sollte sie aber kontrollieren, denn selbst in gut schließenden Gläsern können sie Feuchtigkeit anziehen; dann bei milder Wärme kurz nachtrocknen.

Das Trocknen von Tee- und Gewürzkräutern

Die beste Zeit zum Sammeln und zum Ernten im Garten ist der späte Vormittag, wenn der Morgentau abgetrocknet ist. Nehmen Sie nur saubere Pflanzen, denn sie sollten, mit Ausnahme der Wurzeln, möglichst nicht gewaschen werden. Die Blätter sollten noch jung und zart, die Blüten gerade erst aufgeblüht sein. Ganze Pflanzen schneidet man kurz vor dem Aufblühen, dann haben sie die meisten Wirkstoffe. Sie werden gebündelt und mit den Köpfen nach unten an einem schattigen, luftigen Platz aufgehängt. Blätter, Blüten und die gut gereinigten, kleingeschnittenen Wurzeln breitet man in dünner Lage auf den Dörrsieben aus. Sie werden im Freien im Halbschatten getrocknet oder auch auf einem sonnendurchwärmten Speicher. Bei kühlem Wetter trocknen wir im Dörrapparat bei kleinster Heizstufe. Die Temperatur darf 35° nicht übersteigen, denn zu große Hitze zerstört die ätherischen Öle der Pflanzen. Wurzeln vertragen eine Trockentemperatur bis 50°.
Sind die Kräuter trocken, streift man die Blätter von den Stielen und hebt sie in dicht schließenden Behältern, vor Licht und Feuchtigkeit geschützt, auf. Erst bei Verwendung zerkleinert man sie im Mörser oder reibt sie durch ein grobes Sieb. Teekräuter werden mit der Schere grob zerschnitten und nach Sorten getrennt oder beliebig gemischt aufbewahrt. Spätestens nach einem Jahr sollte der Kräutervorrat aufgebraucht sein, denn die meisten Kräuter verlieren ihre Heil- und Würzkraft, wenn man sie noch länger lagert.

Gewürzkräuter, die sich zum Trocknen eignen:
Nicht alle Gewürzkräuter bewahren beim Trocknen ihr Aroma. Am besten eignen sich Basilikum, Beifuß, Bohnenkraut, Lavendel, Liebstökkel (Maggikraut), Majoran, Minze, Oregano, Rosmarin, Salbei, Selleriekraut und Thymian.

Tips für Samengewürze:
Samenfrüchte wie Anis, Fenchel, Kümmel, Koriander und Dill fallen leicht aus, wenn sie reif sind. Man schneidet deshalb die Pflanzen kurz vorher frühmorgens, wenn sie noch feucht vom Tau sind, ab. Zu Büscheln gebunden läßt man sie, mit den Samenständen nach unten, in der Sonne nachreifen. Auf einem darunter ausgebreiteten Tuch sammelt man die ausgefallenen Körner und läßt sie dann noch einige Tage an der Luft nachtrocknen.

Wie man Tee fermentiert
Tee aus den fermentierten Blättern von Himbeeren, Brombeeren und Walderdbeeren hat ein besonders feines Aroma und ist viel gesünder als schwarzer Tee. Dazu läßt man die Blätter ausgebreitet ungefähr 1 Tag leicht anwelken. Dann reibt man die Blättermischung kräftig zwischen den Händen und besprengt sie mit lauwarmem Wasser. Die Masse wird fest zusammengedrückt, in ein sauberes Küchentuch gewickelt und das Tuch wird von außen mit Wasser besprengt. Dann steckt man das Kräuterpäckchen in einen Gefrierbeutel, streicht die Luft heraus und verschließt ihn gut. Die Blätter müssen nun an einem gleichmäßig warmen Platz 3–4 Tage gären. Danach breitet man die duftenden Blätter aus und trocknet sie völlig bei milder Wärme. Noch aromatischer schmeckt der Tee, wenn man einige grob zerkleinerte Schalen von unbehandelten Zitronen oder Orangen mitfermentiert.
Hinweise, welche Heilpflanzen man am besten sammelt, wie man sie verwendet und richtig zubereitet, finden sie in einschlägigen Kräuterbüchern, so zum Beispiel in M. Pahlows »Meine Heilpflanzen-Hausapotheke« und »Meine Heilpflanzen-Tees« (beide Gräfe und Unzer Verlag).

Köstliches Naturkonfekt

Mit getrockneten Früchten, Nüssen, Mandeln und Honig lassen sich schnell süße Überraschungen für kleine und große Leckermäuler zaubern. Hübsch verpackt sind sie immer ein willkommenes Geschenk. Sie sollten aber für Ihr Naturkonfekt wirklich nur allerbeste Dörrfrüchte nehmen, die vollfleischig und saftig sind. Naturkonfekt schmeckt frisch am besten. Es hält sich zwar längere Zeit, doch verliert es dabei allmählich an Aroma - und das wäre eigentlich schade.

Gefüllte Dörrfrüchte

Nehmen Sie dazu nur ausgesucht schöne, saftige Trockenfrüchte.

150 g Honigmarzipan (Rezept nebenstehend) ·
10 entsteinte, getrocknete Pflaumen ·
10 entsteinte, getrocknete Aprikosen
Zum Garnieren: 5 halbe Walnußkerne ·
Pistazienkerne

Zubereitungszeit: 10 Minuten
Haltbarkeit: im Kühlschrank etwa 2 Wochen

Das weiche Marzipan in eine Tortenspritze füllen. Die Pflaumen auseinanderdrücken und Marzipan hineinspritzen. Die Walnüsse halbieren und die Hälfte der Pflaumen damit belegen. • Die Aprikosen halbieren und auf jede Hälfte einen großen Tupfer Honigmarzipan setzen. Anschließend mit Pistazien verzieren. • Die gefüllten Trockenfrüchte in einer dicht schließenden Dose, nebeneinander liegend, aufbewahren.

Tip: Damit sich das Honigmarzipan gut spritzen läßt, sollte es noch weich, am besten frisch gerührt sein. Festes Marzipan wird im warmen Wasserbad wieder weich.

Honigmarzipan

Zutaten für etwa 375 g Marzipan:
250 g Mandeln · 2 Eßl. Rosenwasser ·
125 g Blütenhonig

Zubereitungszeit: 25 Minuten (ohne Vorbereitungszeit für die Mandeln)
Haltbarkeit: im Kühlschrank etwa 2 Monate

Die Mandeln kurz in kochendes Wasser legen, dann abziehen und ausgebreitet über Nacht trocknen lassen. • Die Mandeln in der Moulinette mehlfein zerkleinern. Das Rosenwasser und den Honig dazugeben und gründlich verkneten. Das Marzipan in ein Schraubglas füllen und verschlossen im Kühlschrank aufbewahren. Es wird mit der Zeit noch fester.

Varianten: Noch kräftiger schmeckt die Marzipanmasse, wenn man die frisch abgezogenen Mandeln im Backofen bei etwa 80° kurz röstet, bis sie goldgelb sind. • Anstelle von Rosenwasser kann man das Marzipan auch mit etwas Rum oder Aprikosenlikör aromatisieren.

Walnußbissen

Bild gegenüber

Zutaten für etwa 25 Stück:
100 g getrocknete Birnen · 100 g getrocknete Zwetschgen ohne Stein · 2 Teel. Blütenhonig ·
2 gestrichene Teel. Kakao, schwach entölt ·
1 gestrichener Teel. Zimtpulver · ¼ Teel. gemahlene Nelken · 2 Eßl. Zwetschgenwasser ·
100 g Honigmarzipan (Rezept oben) ·
25 Walnußkerne

Zubereitungszeit: 35 Minuten

◁ Bild links: Mit selbst gedörrtem Obst und Nüssen schmecken die gefüllten Hefeschnecken besonders fein. Rezept Seite 62.
Zum Bild auf Seite 53: Die Zubereitung der köstlichen Walnußbissen Schritt für Schritt. Rezept Seite 52.

Quellzeit: 12 Stunden
Haltbarkeit: im Kühlschrank 2–3 Wochen

Die Birnen und die Zwetschgen grob zerschneiden, dann in der Moulinette zu Mus zerkleinern. • Die Fruchtmasse in eine Schüssel füllen. Den Honig, den Kakao, die Gewürze und das Zwetschgenwasser damit verrühren. Zuletzt das Honigmarzipan darunterarbeiten. Die Masse über Nacht zugedeckt im Kühlschrank quellen und fest werden lassen. • Am nächsten Tag aus der Dörrfruchtmasse eine Rolle formen und 1 cm dicke Scheiben davon abschneiden. Die Scheiben länglich drücken und jeweils zwischen 2 Walnußhälften legen.

Apfelkonfekt

Für dieses aromatische Konfekt sollten Sie möglichst saftige Feigen nehmen, also keine Kranzfeigen. Oder Sie lassen die grobzerkleinerten Feigen kurze Zeit in Apfel- oder Orangensaft ziehen.

Zutaten für etwa 30 Stück:
100 g Haselnüsse · 100 g getrocknete Äpfel · 100 g getrocknete, saftige Feigen · abgeriebene Schale von 1 Zitrone (Schale unbehandelt) · 2 Teel. Zitronensaft
Zum Garnieren: 30 Haselnußkerne

Zubereitungszeit: 30 Minuten
Haltbarkeit: im Kühlschrank etwa 14 Tage

Die Nüsse, die Äpfel und die grob zerschnittenen Feigen im Mixer zusammen fein zerkleinern. Die Zitronenschale und den Zitronensaft dazugeben und einmischen. • Aus der Fruchtmasse gut kirschgroße Kugeln rollen und in jede eine Haselnuß hineindrücken. Das Konfekt 1–2 Tage an der Luft trocknen lassen.

Birnenkonfekt

Zutaten für etwa 35 Stück:
200 g getrocknete Birnen · 100 g Walnußkerne · 2 Teel. gewürfeltes Orangeat · 50 g Honigmarzipan (Rezept Seite 52) · 2 Teel. Honig · ¼ Teel. Zimtpulver
Zum Wälzen: feingehackte Walnüsse

Zubereitungszeit: 25 Minuten
Haltbarkeit: im Kühlschrank etwa 2 Wochen

Die Birnen, falls nötig, kurze Zeit in Wasser einweichen. Sie sollen weich, aber nicht matschig sein. • Die Birnen, die Walnüsse und das Orangeat in der Moulinette fein zerkleinern. Das Marzipan und den Honig dazugeben. Mit dem Zimt abschmecken. Aus der Masse Kugeln rollen und diese in den gehackten Nüssen wälzen.

Aprikosentaler

Zutaten für 30–35 Stück:
100 g getrocknete, saftige Aprikosen · 1 Eßl. Aprikosenlikör · 2 Teel. Honig · ½ Teel. gemahlene Vanille · abgeriebene Schale von 1 kleinen Orange (Schale unbehandelt) · 100 g Haselnußkerne · 50 g Mandeln · 30-35 runde Oblaten von 4 cm Ø
Zum Verzieren: Honigmarzipan (Rezept Seite 52) oder abgezogene Mandeln, Pinienkerne, grob gehackte Pistazien, Orangenschale, in feine Streifen geschnitten · 1 Tafel Honigschokolade (Reformhaus oder Naturkostladen)

Zubereitungszeit: 50 Minuten
Quellzeit für die Aprikosenmasse: 1½ Tage
Haltbarkeit: im Kühlschrank 14 Tage

Die Aprikosen grob zerschneiden und in der Moulinette zu Mus zerkleinern. Das Mus in eine Schüssel füllen. Den Aprikosenlikör, den Honig, die Vanille und die Orangenschale damit verrühren. Die Nüsse sowie die Mandeln reiben und unterkneten. Die Masse in einem Schraubglas gut verschlossen im Kühlschrank 1½ Tage ausquellen lassen. • Aus der Aprikosenmasse eine Rolle von 3½ cm ∅ formen und in 1 cm dicke Scheiben schneiden. Jeden Taler auf eine Backoblate legen und andrücken. • Das Honigmarzipan zwischen zwei Bogen Backpapier ausrollen und Ornamente ausstechen. Die Schokolade in Stücke brechen und im Wasserbad oder auf dem Elektroherd bei Stufe 1 unter ständigem Rühren schmelzen lassen. Die Aprikosentaler mit Schokolade bestreichen und mit den Marzipanornamenten oder den übrigen Zutaten verzieren. Die Schokolade fest werden lassen. • Das Konfekt in einer gut schließenden Dose im Kühlschrank aufbewahren.

Kirschen in Amaretto

In Mandellikör eingelegte Kirschen sind etwas ganz Besonderes. Sie schmecken pur ebenso gut wie zu Eis und feinen Cremes. Man kann aber auch Konfekt daraus herstellen.

Zutaten für 1 Glas von 370 ml Inhalt:
200 g entsteinte, getrocknete Kirschen · 200 g Amaretto (30 Vol.-%)

Zubereitungszeit: 2 Minuten
Haltbarkeit: unbegrenzt

Die Kirschen in ein Schraubglas füllen und so viel Mandellikör dazugießen, daß die Früchte bedeckt sind. Das Glas fest verschließen. 6–8 Tage ziehen lassen. Kühl und dunkel aufbewahren.

Feine Kirschtrüffeln

Zutaten für etwa 20 Stück:
100 g Kirschen in Amaretto (Rezept nebenstehend) · 100 g Mandeln · je 1 Prise Zimtpulver und gemahlene Nelken
Zum Wälzen: mittelgrob gehackte Mandeln

Zubereitungszeit: 15 Minuten
Quellzeit: 4 Stunden
Haltbarkeit: im Kühlschrank 2–3 Wochen

Die Kirschen auf einem Sieb abtropfen lassen. Die Mandeln in der Moulinette fein zerkleinern. Die Gewürze und die Kirschen dazugeben und alles zu einer homogenen Masse verarbeiten. Die Masse in ein Schraubglas füllen und im Kühlschrank 4 Stunden quellen lassen. • Anschließend gut kirschgroße Kugeln daraus formen und in den gehackten Mandeln wälzen.

Varianten: Statt Kirschen in Amaretto kann man für die Trüffeln auch kleingeschnittene getrocknete Aprikosen in Amaretto ziehen lassen oder in Rum eingelegte Rosinen nehmen.

Fruchtschnitten

Zutaten für etwa 20 Stück:
200 g getrocknete Zwetschgen ohne Stein · 65 g Nackthafer · 100 g Walnuß- oder Haselnußkerne · 2 Eßl. Honig · abgeriebene Schale von 1–2 Orangen (Schale unbehandelt) · ½ Teel. Zimtpulver · 1 gestrichener Teel. Kakao · etwa 20 große rechteckige Oblaten oder runde von 5–10 cm ∅

Quellzeit: etwa 1 Stunde
Zubereitungszeit: 50 Minuten
Haltbarkeit: im Kühlschrank etwa 3 Wochen

Die Zwetschgen etwa 1 Stunde in wenig Wasser quellen lassen, sie sollen nicht zu weich werden. Das Einweichwasser abgießen und anderweitig verwenden. Die Zwetschgen grob zerkleinern, dann in der Moulinette sehr fein hacken. Den Hafer in einer Pfanne ohne Fett unter Umrühren einige Minuten rösten, bis er würzig duftet; anschließend mehlfein mahlen. Die Hälfte der Nüsse feinreiben, die übrigen grobhacken. • Alle Zutaten mit dem Zwetschgenmus verrühren. Die Fruchtpaste soll möglichst dick sein. Andernfalls noch geriebene Nüsse oder Hafermehl zugeben und nachwürzen. Die Fruchtmasse mit einem nassen Messer auf große rechteckige Backoblaten oder runde Oblaten von 5–10 cm ∅ streichen und jeweils mit einer Oblate abdecken. Ein Brettchen zum Beschweren darauflegen und die Stücke über Nacht ruhen lassen. • Am nächsten Tag die rechteckigen Oblaten in Quadrate oder Stangen schneiden, die runden Oblaten je nach Größe entweder nur halbieren oder wie Tortenstücke in Segmente teilen. Auf einem Kuchengitter noch einige Tage an der Luft nachtrocknen lassen. • Die Schnitten dann in verschließbarer Dose im Kühlschrank aufbewahren.

Varianten: Die Hälfte der Dörrzwetschgen durch getrocknete Äpfel ersetzen. • Statt Zwetschgen getrocknete Aprikosen und Sanddornsaft nehmen, mit Orangenschale oder geriebenem Ingwer würzen. • Statt Zwetschgen und Nüssen getrocknete Birnen und Honigmarzipan verwenden, mit Zitronensaft und Zitronenschale aromatisieren.

Bananenschnitten

Die knusprigen Schnitten aus Bananen, Äpfeln und Getreide sind eine köstliche Knabberei. Sie werden nicht gebacken, sondern im Dörrapparat bei kleiner Einstellung getrocknet. Im Winter stellen wir die Trockensiebe in die Röhre unseres Kachelofens, dann ist das Trocknen noch einfacher und energiesparender. Zum Auslegen der Siebe brauchen Sie Backtrennpapier. Bitte, keine Alufolie nehmen.

Zutaten für etwa 20–25 Stück:
200 g Äpfel, vorbereitet gewogen · 200 g reife Bananen, geschält gewogen ·
70 g Haselnußkerne · abgeriebene Schale von 1 Zitrone (Schale unbehandelt) · 2 Teel. Zitronensaft · abgeriebene Schale von 1 kleinen Orange (Schale unbehandelt) · 2 Teel. milder Blütenhonig · 80 g Dinkel

Vorbereitungszeit: 30 Minuten
Trockenzeit: 6–8 Stunden
Haltbarkeit: etwa 4 Wochen

Die Äpfel schälen, vierteln und entkernen; dann in der Moulinette feinhacken. Die Bananen dazugeben und so lange weiterarbeiten, bis ein feines Püree entstanden ist. • Die Nüsse fein zerkleinern und mit den übrigen Zutaten zum Bananen-Apfel-Püree geben. Zuletzt den Dinkel feinmahlen und alles verrühren. • Aus Backtrennpapier mit Hilfe einer Springform oder eines Tellers Kreise von 24 cm Durchmesser ausschneiden und in 2 Hälften zerschneiden. • Das Püree mit einem Teigschaber ½ cm dick auf das Backtrennpapier aufstreichen. Das Papier so auf die Siebe des Dörrapparates legen, daß am Rand und in der Mitte ein Zwischenraum bleibt, damit die Luft zirkulieren kann. • Wenn die Oberfläche angetrocknet ist, die Fruchtmusplatten umdrehen und das Papier vorsichtig abziehen. Weitertrocknen, bis Ober- und Unterseite trocken sind. • Die Platten auf ein Brett legen, in Rechtecke oder Quadrate schneiden und fertig trocknen. • Die Schnitten in einem Glas, gut verschlossen und vor Licht geschützt, aufbewahren.

Gebäck mit Dörrfrüchten

Nicht nur zur Weihnachtszeit schmeckt Gebäck aus dem vollen, frisch gemahlenen Korn und getrockneten Früchten, in denen noch die Wärme und der Duft des Sommers eingefangen sind. Man verwendet das Dörrobst entweder anstelle von Rosinen im Teig oder als Füllung für Torten, Kuchen und Kleingebäck.

Aprikosenkranz

Zutaten für 1 Ringform (24 cm⌀) oder 1 Kastenform (30 cm lang):
100 g getrocknete, saftige Aprikosen · 3 Eßl. Amaretto (Mandellikör) · 50 g Orangeat · 75 g Mandeln · 50 g dunkle kalifornische Weinbeeren · 100 g Butter · 150 g Honig · 5 Eigelb · 2 Eßl. kohlensäurereiches Mineralwasser · 250 g Weizen · 3 gestrichene Teel. Weinstein-Backpulver · 1 gestrichener Eßl. Kakao (schwach entölt) · 2 gestrichene Teel. Zimt · 75 g Haselnußkerne · 5 Eiweiß
Für die Form: Butter

Vorbereitungszeit: 45 Minuten
Quellzeit für die Aprikosen: 3–4 Stunden
Backzeit: 40–60 Minuten

Die Aprikosen in Würfel schneiden, mit dem Amaretto beträufeln und mindestens 3–4 Stunden zugedeckt quellen lassen. • Das Orangeat und die Mandeln zusammen in der Moulinette grobhacken. Die Rosinen und die Aprikosenwürfel damit mischen. • Die Butter bei mäßiger Wärme zerlassen. Den Honig, die Eigelbe und das Mineralwasser damit verrühren. Den Weizen feinmahlen und das Backpulver untermischen. Das Mehl, den Kakao und den Zimt unter die Buttermasse rühren. Die Aprikosenmischung dazugeben. • Die Form einfetten. Den Backofen auf 170° vorheizen. • Die Nüsse reiben. Die Eiweiße zu steifem Schnee schlagen und abwechselnd mit den Nüssen unter den Teig heben. Den Teig in die Form füllen und glattstreichen. • Den Kuchen auf der untersten Schiene 40–60 Minuten backen (Stäbchenprobe machen!). Auf einem Kuchengitter auskühlen lassen und dann aus der Form stürzen.

Schweizer Dörrobstfladen

In der Nähe des Zürichsees, im Kanton Schwyz, bäckt man diesen köstlichen Fladen an Festtagen – von der Kirchweih im Herbst bis zur Fastnacht.

Zutaten für 1 Backblech:
Für die Füllung: 200 g getrocknete Birnen · 200 g getrocknete Zwetschgen ohne Stein · 100 g Walnußkerne · 2 Eßl. Zitronensaft · je 1 Prise Zimtpulver und gemahlene Nelken · eventuell etwas Honig
Für den Teig: 120 g weiche Butter · 1 großes Ei · 60 g Honig · 3 Eßl. saure Sahne · dünn abgeriebene Schale von ½ Zitrone (Schale unbehandelt) · 280 g Weizen
Für den Guß: 200 g Sahne · 2 Eßl. Birnendicksaft
Für das Backblech: Butter

Vorbereitungszeit: 45 Minuten
Einweichzeit: über Nacht
Ruhezeit für den Teig: 1 Stunde
Backzeit: 30 Minuten

Das Dörrobst über Nacht in kaltem Wasser einweichen. • Am nächsten Tag für den Teig die Butter mit dem Ei, dem Honig, der sauren Sahne und der Zitronenschale cremig rühren. Den Weizen feinmahlen und darunterarbeiten. Den Teig 1 Stunde im Kühlschrank zugedeckt ruhen lassen. • Inzwischen die Trockenfrüchte abtropfen lassen und pürieren. Die Nüsse mittelgrob hakken. Sämtliche Zutaten verrühren. Eventuell mit wenig Honig abrunden, die Füllung sollte nur leicht süß schmecken. • Das Blech einfetten. Den Teig in Blechgröße ausrollen, locker über das Rollholz wickeln und auf dem Blech abrollen. Den Teig an den Rändern etwas hochdrücken. Die Fruchtmasse mit einem Teigschaber gleichmäßig auf den Teig streichen. • Für den Guß die Sahne mit dem Birnendicksaft verrühren und auf der Füllung verteilen. • Den Fladen auf der mittleren Schiene in den kalten Backofen schieben. Bei 220° etwa 30 Minuten backen, bis die Oberfläche goldbraun ist.

Toggenburger Doppelfladen

Im Obertoggenburger Land, in der Ostschweiz, bäckt man heute noch den Doppelfladen nach altüberliefertem Rezept. Er wird traditionsgemäß am Silvesterabend, der »Hüslinacht«, wenn sich die ganze Familie zu Hause trifft, als Süßspeise kalt serviert.

Zutaten für 1 Springform von 28 cm ∅:
Für den Teig: 40 g Butter · 10 g Hefe · 80 g lauwarme Milch · 1 Eßl. Honig · 150 g Weizen, feingemahlen
Für die Füllung: 250 g getrocknete Birnen · weißer Traubensaft zum Einweichen · 1 Eßl. Anis · 1 Eßl. Honig · 2 Eßl. Birnengeist · ½ Teel. Zimtpulver · 1 gestrichener Teel. Delifrut
Für den Guß: 200 g Sahne · ½ Eßl. Honig · 2 Eigelb · 1 Eßl. Weizen, feingemahlen · abgeriebene Schale von 1 Zitrone (Schale unbehandelt) · 2 Eiweiß
Für die Form: Butter

Quellzeit für die Birnen: 2–6 Stunden
Vorbereitungszeit: 70 Minuten
Ruhezeit für den Teig: 40–50 Minuten
Backzeit: etwa 40 Minuten

Zunächst für die Füllung die Birnen in Traubensaft einweichen, bis sie sehr weich sind. Anschließend auf einem Sieb abtropfen lassen. • Für den Teig die Butter bei milder Hitze schmelzen und abkühlen lassen. Die Hefe in der lauwarmen Milch auflösen. Den Honig, das Mehl und anschließend die Butter dazugeben. Den weichen Teig mit der Küchenmaschine kneten, bis er sich von der Schüssel löst. Zugedeckt 40–50 Minuten gehen lassen. • Inzwischen die Form einfetten und die Füllung vorbereiten. Die Aniskörner in einer Pfanne ohne Fett unter Umrühren leicht rösten. Die Birnen pürieren. Den Honig, den Birnengeist und alle Gewürze damit verrühren. • Den Teig nochmals durchkneten, ausrollen und die Form damit auslegen. Dabei einen Rand von 2½–3 cm hochziehen. Die Fruchtmasse darauf verteilen. Den Dörrobstfladen in den kalten Backofen schieben und bei 200° auf der untersten Schiene 20 Minuten backen. • Für den Guß alle Zutaten bis auf die Eiweiße verrühren. Die Eiweiße steif schlagen und unterheben. Die Sahnecreme auf den vorgebackenen Kuchen streichen. Bei 200° auf der mittleren Schiene noch etwa 20 Minuten backen, bis die Oberfläche goldgelb ist. • Den abgekühlten Fladen aus der Form nehmen. Mit Alufolie bedeckt 1–2 Tage an einem kühlen Platz durchziehen lassen; dann schmeckt er am besten.

Gefüllte Hahnenkämme

Für das folgende Rezept brauchen Sie eigentlich nur ungefähr die halbe Teigmenge. Rationeller ist es aber, den Hefeteig aus 500 g Vollkornmehl wie angegeben zuzubereiten und den Teigrest für die nächste Gelegenheit einzufrieren.

Zutaten für 18 Stück (1 Backblech):
Für den Teig: 40 g Hefe · 130 g lauwarme Milch · 75 g weiche Butter · 50 g Quark · 100 g Honig · 1 Ei · 1 Eigelb · abgeriebene Schale von 1 Zitrone (Schale unbehandelt) · 500 g Weizen, fein gemahlen
Für die Füllung: 150 g Äpfel · 150 g Walnuß- oder Haselnußkerne · 150 g Zwetschgenmus (Rezept Seite 82, 83) · 2 Eßl. Zwetschgenwasser · 1½ Teel. Kakao, schwach entölt · 1 gestrichener Teel. Zimtpulver · ¼ Teel. gemahlene Nelken · etwa 3 Eßl. Honig
Zum Bestreichen: 1 Eigelb · 2 Teel. Honig
Für das Backblech: Butter

Vorbereitungszeit: 1 Stunde
Ruhezeit für den Teig: 50–60 Minuten
Backzeit: 30–35 Minuten

Die Hefe in der lauwarmen Milch auflösen. Die Butter mit dem Quark, dem Honig, dem Ei, dem Eigelb und der Zitronenschale cremig rühren. Das Vollkornmehl abwechselnd mit der Hefemilch unter den Teig arbeiten. Den ziemlich weichen Hefeteig mit der Küchenmaschine kurz und kräftig durchkneten, dann zugedeckt an einem kühlen Platz (bei 12–15 °C) gehen lassen, bis sich das Volumen etwa verdoppelt hat. Der Teig wird während des Gehens noch fester. • Während der Teig geht, das Blech einfetten und die Füllung zubereiten. Die Äpfel vierteln, entkernen und, wenn möglich, mit der Schale feinreiben. Die Nüsse grobreiben. Alle Zutaten für die Füllung verrühren und nach Geschmack mit Honig süßen. • Vom Hefeteig etwas mehr als die Hälfte abnehmen, kurz zusammenkneten und zu einem Rechteck von 27 × 54 cm ausrollen. 18 Quadrate von 9 × 9 cm ausschneiden. Auf jedes Quadrat einen Streifen Zwetschgenmasse geben. Die Teigstücke zu Taschen zusammenklappen und an den offenen Seiten gut zusammendrücken. • Das Eigelb mit dem Honig verrühren und die Oberseite der Taschen damit bestreichen. Den vorderen Rand in gleichmäßigen Abständen einschneiden und etwas auseinanderziehen, so daß ein Kamm entsteht. • Die Gebäckstücke auf das Blech legen und 10 Minuten gehen lassen. Dann das Blech auf der zweiten Schiene von unten in den kalten Backofen schieben und die Hahnenkämme bei 180° in 30–35 Minuten goldbraun backen.

Nuß-Apfel-Kuchen

Zutaten für 1 Springform von 26 cm ∅:
Für den Teig: 120 g weiche Butter · 120 g Honig · ¼ Teel. Zimtpulver · 1½ Eier · 270 g Weizen
Für die Füllung: 50 g getrocknete Birnen · 50 g getrocknete Kirschen ohne Stein oder Rosinen · 50 g getrocknete Mirabellen oder Aprikosen ohne Stein · 5 Eßl. Birnengeist · 400 g säuerliche Äpfel (vorbereitet gewogen) · 50 g süße und 5 bittere Mandeln · 75 g Haselnußkerne · 50 g Butter · 1 Eßl. Honig · 1 gestrichener Teel. Zimtpulver · abgeriebene Schale von 1 Zitrone (Schale unbehandelt)
Zum Bestreichen und Bestreuen: ½ Ei · 2 Eßl. gehobelte Mandeln
Für die Form: Butter

Vorbereitungszeit: 75 Minuten
Ruhezeit für den Teig: 12 Stunden (über Nacht)
Backzeit: 45–50 Minuten

Für den Teig die Butter mit dem Honig schaumig rühren, den Zimt und die Eier dazugeben. • Den Weizen feinmahlen und unterrühren. Den weichen Teig über Nacht im Kühlschrank ruhen lassen. • Die getrockneten Früchte in kleine Würfel schneiden und mit dem Birnengeist übergießen. Zugedeckt 3–4 Stunden oder ebenfalls über

Nacht durchziehen lassen. • Die Äpfel schälen, entkernen und feinreiben. Die Mandeln reiben, die Haselnüsse mittelgrob hacken. Die Butter bei mäßiger Wärme zerlassen. Alle Zutaten für die Füllung vermengen. • Die Springform einfetten. Den Teig kurz durchkneten. ⅔ davon ausrollen. Die Form damit auslegen und dabei einen Rand von 4 cm hochziehen. Den Teigboden mit einer Gabel in kleinen Abständen einstechen. 80 cm Alufolie abschneiden. Die Folie viermal längs zusammenfalten und leicht zusammendrücken, so daß ein fester Streifen entsteht. Den Folienstreifen von innen an den Teigrand drükken; er verhindert, daß der Teig beim Blindbakken abrutscht. • Den ungefüllten Kuchen auf der untersten Schiene in den kalten Backofen schieben und bei 180° 15 Minuten vorbacken. • Den Folienrand vorsichtig abnehmen. Die Füllung gleichmäßig auf dem Teig verteilen und glattstreichen. Den restlichen Teig dünn ausrollen, Streifen ausrädeln und als Gitter auf die Füllung legen. Die Teigstreifen und den Rand mit dem verquirlten Ei bestreichen. Den Rand mit den gehobelten Mandeln bestreuen. • Den Kuchen auf der untersten Schiene bei 180° noch 30-35 Minuten backen. Auf einem Kuchengitter auskühlen lassen und vorsichtig auf eine Tortenplatte heben. • Den Kuchen unter einer Tortenhaube bis zum nächsten Tag durchziehen lassen.

Mürbeteigtörtchen mit rohen Dörrfrüchten

Zutaten für 8-10 Törtchen:
Für den Teig: 80 g weiche Butter · 80 g Honig · 1 Ei · 2 Messerspitzen Zimtpulver oder abgeriebene Schale von ½ Zitrone (Schale unbehandelt) · 220 g Weizen
Für die Füllung: 250 g gemischte Dörrfrüchte (Steinobst ohne Stein) · Wasser oder Traubensaft zum Einweichen · 80 g Haselnuß- oder Walnußkerne · 2 Eßl. Birnendicksaft · ¼ l Sahne
Für die Förmchen: Butter

Vorbereitungszeit: 1 Stunde
Ruhezeit für den Teig: 3-12 Stunden
Quellzeit für das Dörrobst: 8-10 Stunden
Backzeit: 15-20 Minuten

Die Butter mit dem Honig, dem Ei und dem Zimt oder der Zitronenschale verrühren. Den Weizen feinmahlen und unterarbeiten. Den weichen Teig zugedeckt mindestens 3 Stunden (noch besser über Nacht) im Kühlschrank ruhen lassen. • Anschließend den Teig ausrollen und in 8-10 Teile schneiden. 8-10 Tortelettförmchen einfetten und mit Teig auslegen. Die Törtchen auf der mittleren Schiene in den kalten Backofen schieben und bei 200° 15-20 Minuten backen. Die Törtchen noch lauwarm aus den Förmchen stürzen und auf einem Kuchengitter abkühlen lassen. • Das Dörrobst 8-10 Stunden in Wasser oder Traubensaft einweichen. • Anschließend das Obst auf einem Sieb abtropfen lassen und pürieren. Die Nüsse mittelgrob hacken, 2 Eßlöffel zum Bestreuen beiseite stellen. Die übrigen Nüsse mit dem Fruchtmus und dem Birnendicksaft verrühren. • Die Törtchen mit der Fruchtmasse füllen. Die Sahne steif schlagen, auf die Törtchen spritzen und mit gehackten Nüssen bestreuen.

Früchtelebkuchen

Zutaten für etwa 30 Stück
30 g Butter · 2 große Eier · 130 g Honig · 100 g Sahne · 5 Eßl. kohlensäurereiches Mineralwasser · 2 gestrichene Teel. Zimtpulver · ¼ Teel. gemahlene Nelken · 1 gestrichener Eßl.

Lebkuchengewürz · 150 g Dinkel · 200 g Weizen · ¼ Teel. Anis · 1½ Teel. Weinstein-Backpulver · 100 g Haselnußkerne · 50 g getrocknete Birnen · 50 g getrocknete Zwetschgen ohne Stein · 50 g dunkle kalifornische Weinbeeren
Für das Backblech: Butter

Vorbereitungszeit: 1 Stunde
Quellzeit für den Teig: 2 Stunden
Backzeit: 25–30 Minuten

Die Butter bei milder Wärme schmelzen lassen. Die Eier mit dem Honig, der Sahne, dem Mineralwasser, den Gewürzen und der lauwarmen Butter verrühren. • Den Dinkel und den Weizen mit dem Anis zusammen mehlfein mahlen. Das Backpulver daruntermischen. Das Mehl mit der Honigmischung verrühren. • Die Nüsse mittelgrob hacken. Die Birnen und die Zwetschgen in kleine Würfel schneiden oder mit den Nüssen zusammen in der Moulinette zerkleinern. Die Nüsse, das Dörrobst und die Rosinen mischen und unter den Teig rühren. • Das Blech einfetten. Den Teig mit einem Teigschaber etwa 1 cm dick gleichmäßig aufstreichen und 2 Stunden quellen lassen. • Anschließend das Blech auf der mittleren Schiene in den kalten Backofen schieben und die Lebkuchenplatte bei 180° 25–30 Minuten backen, bis die Oberfläche leicht gebräunt ist. • Die Teigplatte noch warm in Rechtecke schneiden. Die Lebkuchen auf einem Kuchengitter abkühlen lassen und in einer gut schließenden Dose aufbewahren.

Variante: Die Lebkuchen schmecken nicht nur zu Weihnachten, wenn Sie das Lebkuchengewürz weglassen und den Teig mit der abgeriebenen Schale von 1½ Zitronen (Schale unbehandelt) und 3 Teelöffeln Zitronensaft aromatisieren.

Gefüllte Hefeschnecken

Bild Seite 54

Zutaten für etwa 16 Stück (1 Backblech):
Für die Füllung: Je 50 g getrocknete Birnen, entsteinte, getrocknete Zwetschgen, Aprikosen und Kirschen oder statt Kirschen dunkle Sultaninen · 5 Eßl. Rum · ½ Teel. Zimtpulver · abgeriebene Schale von 1 Zitrone (Schale unbehandelt) · 80 g Haselnußkerne · 30 g Butter
Für den Teig: 30 g Hefe · 100 g lauwarme Milch · 80 g weiche Butter · 70 g Honig · 1 Eigelb · ½ Eiweiß · 400 g Weizen
Zum Bestreichen und Bestreuen: ½ Eiweiß · Haselnußblättchen
Für das Backblech: Butter

Vorbereitungszeit: 1 Stunde und 45 Minuten (einschließlich Ruhezeit für den Teig)
Backzeit: 20–25 Minuten

Das Dörrobst nur dann kurz in Wasser einweichen, wenn es sehr trocken ist. Anschließend in Stücke schneiden und in der Moulinette mittelgrob hacken. Den Rum, den Zimt und die Zitronenschale daruntermischen. Die Mischung zugedeckt durchziehen lassen, bis der Teig gegangen ist. • Für den Teig die Hefe in der lauwarmen Milch auflösen. Die Butter mit dem Honig, dem Eigelb und dem Eiweiß schaumig rühren. Den Weizen feinmahlen und abwechselnd mit der Hefemilch unter den Teig arbeiten. Den weichen Hefeteig mit der Küchenmaschine durchkneten, bis er sich von der Schüssel löst. Den Teig zugedeckt gehen lassen, bis er sein Volumen ungefähr verdoppelt hat (etwa 1 Stunde). • Inzwischen die Nüsse mittelgrob hacken und unter die Dörrfrüchte mischen. Die Butter für die Füllung bei milder Hitze zerlassen. • Den Teig kurz durchkneten und zu einem Quadrat von 35 × 35 cm ausrollen. Die Teigplatte mit der flüssigen Butter bestreichen. Die Dörrobstmischung gleichmäßig darauf verteilen. Am oberen Rand 2–3 cm frei lassen. Den Teig aufrollen und den Rand fest andrücken. Die Teigrolle in 2½–3 cm dicke Scheiben schneiden. Die Hefeschnecken auf das gefettete Blech legen, mit dem Eiweiß bestreichen und mit den Nüssen bestreuen; die Nüsse etwas andrücken. • Den Backofen auf 200° vorheizen. Die Schnecken 10 Minuten gehen lassen, dann auf der mittleren Schiene 20–25 Minuten backen.

Apfelplätzchen

Zutaten für 35–40 Stück:
100 g dunkle kalifornische Weinbeeren · 3 Eßl. Rum · 80 g getrocknete Äpfel · 7 Eßl. Apfelschalentee (Rezept Seite 70) oder Apfelsaft · 120 g Butter · 150 g mittelfeine Haferflocken · 50 g Weizen · 50 g Dinkel · 2 kleine Eier · 80 g Honig · abgeriebene Schale von 1 Zitrone (Schale unbehandelt) · ¼ Teel. gemahlene Vanille
Zum Belegen: eventuell gehobelte Haselnüsse
Für das Backblech: Butter

Vorbereitungszeit: 45 Minuten
Quellzeit für die Früchte: 4–6 Stunden
Ruhezeit für den Teig: etwa 3 Stunden
Backzeit: etwa 25 Minuten

Die Rosinen in dem Rum zugedeckt 3–4 Stunden ziehen lassen. • Anschließend die Äpfel mit den Rosinen zusammen in der Moulinette kleinhacken. Den Apfelschalentee oder den Apfelsaft zugeben und die Früchte 1–2 Stunden zugedeckt quellen lassen. • Die Hälfte der Butter in einer großen Pfanne zerlassen. Die Haferflocken darin unter Umwenden goldgelb rösten. Dann die Pfanne vom Herd nehmen und die restliche Butter darin schmelzen. Den Weizen und den Dinkel feinmahlen. • Die Eier mit dem Honig, der Zitronenschale und der Vanille verrühren. Das Mehl, die Haferflocken und die Apfelmischung darunterrühren. Den Teig zugedeckt etwa 3 Stunden in den Kühlschrank stellen, bis er fest ist. • Jeweils gut 1 Teelöffel vom Teig abstechen. Längliche Plätzchen daraus formen und dicht nebeneinander auf ein gefettetes Backblech legen. Die Plätzchen entweder mit einer Gabel flachdrücken, so daß ein Streifenmuster entsteht oder die Plätzchen mit Haselnußscheiben belegen und diese fest andrücken. • Das Blech auf der mittleren Schiene in den kalten Backofen schieben und die Apfelplätzchen bei 180° etwa 25 Minuten backen.

Früchtetaler

Wir nehmen die Plätzchen gerne zum Wandern mit, denn sie sättigen und sind nicht zu süß.

Zutaten für 55–60 Stück (1 Backblech):
50 g getrocknete Aprikosen ohne Stein · 70 g getrocknete Zwetschgen ohne Stein · 70 g getrocknete Birnen · 30 g dunkle kalifornische Rosinen · 100 g Haselnußkerne · 100 g Butter · 150 g Honig · abgeriebene Schale und Saft von 1 Zitrone (Schale unbehandelt) · ½ Teel. Zimtpulver · 150 g Wasser (Einweichflüssigkeit von den Dörrfrüchten mitverwenden) · 100 g Hirse · 100 g Weizen · 100 g Dinkel
Für das Backblech: Butter

Vorbereitungszeit: 1 Stunde
Ruhezeit für den Teig: 4–12 Stunden
Backzeit: 20–25 Minuten

Die Aprikosen, die Zwetschgen und die Birnen einweichen; das Obst soll fest bleiben, also nicht

»matschig« werden. Anschließend die Dörrfrüchte zusammen mit den Rosinen und den Nüssen in der Moulinette mittelfein hacken. • Die Butter zerlassen, den Honig damit verrühren. Die Fruchtmischung, die Schale und den Saft der Zitrone, den Zimt und das Wasser dazugeben. Das Getreide feinmahlen und unterarbeiten. Den Teig 4 Stunden (oder über Nacht) zugedeckt in den Kühlschrank stellen, bis er fest ist. • Das Blech einfetten. Aus dem Teig gut kirschgroße Kugeln rollen, aufs Blech legen und mit einer Gabel oder dem Fleischklopfer (so daß ein Muster entsteht) zu flachen Plätzchen drücken. Die Früchtetaler auf der mittleren Schiene in den kalten Backofen schieben und bei 200° 20–25 Minuten backen. Die Plätzchen sollen weich bleiben.

Fruchtmakronen

Zutaten für etwa 30 Stück (1 Backblech):
125 g Dörrfrüchte (entsteinte Zwetschgen, Aprikosen, Birnen, Äpfel, dunkle kalifornische Weinbeeren) · 100 g Mandeln · 1 Messerspitze Zimtpulver · abgeriebene Schale von 1 Zitrone (Schale unbehandelt) · 2 Eiweiß · 40 g Honig · etwa 30 runde Oblaten von 5 cm Ø

Vorbereitungszeit: 40 Minuten
Backzeit: 25–30 Minuten

Die Dörrfrüchte in der Moulinette mittelfein hakken. Die Mandeln reiben, dann mit dem Zimt und der Zitronenschale unter die Früchte mischen. Alles mit den Fingern gut verkrümeln, damit die Fruchtstückchen nicht zusammenkleben. • Die Eiweiße sehr steif schlagen. Den Honig langsam hineinlaufen lassen und weiter schlagen, bis eine dicke Schaummasse entstanden ist. Die Fruchtmischung unterheben. Backoblaten von 5 cm Ø auf dem Blech verteilen. Mit zwei nassen Teelöffeln kleine Häufchen der Fruchtmasse auf die Oblaten setzen. • Den Backofen auf 150–160° vorheizen. Die Makronen auf der mittleren Schiene 25–30 Minuten backen, bis sie goldgelb sind.

Früchtebrot

Bild Seite 71

Das »Schnitzbrot« oder »Hutzelbrot« ist im gesamten schwäbisch-alemannischen Raum verbreitet und wird nach altüberlieferten Rezepten gebacken. In Alufolie verpackt und kühl aufbewahrt bleibt es etwa 2 Monate lang frisch.

Zutaten für 3–4 Brote:
Für die Füllung: 250 g getrocknete Birnen · 200 g getrocknete Aprikosen ohne Stein · 100 g getrocknete Äpfel · 250 g getrocknete Zwetschgen ohne Stein · 250 g getrocknete Feigen · 100 g Walnußkerne · 100 g Haselnußkerne · 100 g Mandeln · 250 g dunkle kalifornische Weinbeeren · 125 g gewürfeltes Zitronat · 1½ Eßl. Zimtpulver · ½ Teel. gemahlene Nelken · ½ Teel. Piment
Für den Vorteig: 400 g Roggen · 550 g Wasser · 1 gestrichener Teel. Salz · 1 Teel. Honig
Für den Hauptteig: 40 g Hefe · 2 Teel. Honig · 600 g Weizen · ½ Teel. Anis
Zum Verzieren: Zitronat und Orangeat im Stück · geschälte Mandeln
Für die Formen: Butter

Quellzeit für das Dörrobst: 4–6 Stunden
Vorbereitungszeit: 2 Stunden
Gärzeit für den Teig: 16–17 Stunden
Backzeit: 2–3 Stunden (je nach Teigmenge)

Die Dörrfrüchte, mit Wasser bedeckt, 4–6 Stunden quellen lassen; sie sollen nicht zu weich werden. • Das Einweichwasser abgießen und für den Teig aufheben. Das Obst kleinschneiden und in eine große Schüssel füllen. Die Walnüsse vierteln, mit den ganzen Haselnüssen und Mandeln sowie allen übrigen Zutaten der Füllung zu den Dörrfrüchten geben. Alles gründlich mischen und über Nacht zugedeckt bei Zimmertemperatur durchziehen lassen. • Am selben Abend den Roggen für den Vorteig mittelfein mahlen. Das Einweichwasser der Dörrfrüchte mit Wasser auf 550 g auffüllen und auf 40° erwärmen. Das Salz und den Honig darin auflösen. Mit dem Roggenmehl zu einem weichen Brei verrühren. Die Backschüssel mit einem feuchten Tuch und einem Deckel abdecken. Den Teig an einem warmen Platz, über Nacht gären lassen. • Am nächsten Morgen die Hefe in den Vorteig bröckeln, den Honig dazugeben und gründlich verrühren. Den Weizen mit dem Anis feinmahlen, nach und nach unter den Teig arbeiten und gut durchkneten. Den Teig 45–60 Minuten zugedeckt gehen lassen, bis sich das Volumen etwa verdoppelt hat. • Die Dörrfruchtmischung unter den Teig mengen und diesen in gefettete Backformen füllen. Die Formen nur zu ¾ füllen. Den Teig mit einem nassen Löffel zusammendrücken und glattstreichen. Das Zitronat und Orangeat in Streifen schneiden oder kleine Ornamente ausstechen. Die Brote damit und mit den geschälten Mandeln verzieren. Mit einem feuchten Tuch bedeckt an einem warmen Platz etwa 3–4 Stunden gehen lassen. • Die Formen mit Alufolie abdekken. Die Brote auf der untersten Schiene in den kalten Backofen schieben und bei 200° 1 Stunde backen. Anschließend die Folie abnehmen und die Brote bei 180° fertig backen. Wenn Sie verschieden große Brote backen, ist die Backzeit unterschiedlich: bei 200 g Teig etwa 40 Minuten; bei 350 g Teig etwa 50 Minuten; bei 1300 g Teig 60–70 Minuten. • Die Früchtebrote noch 1–2 Tage an einem kühlen Platz durchziehen lassen; anschließend in Alufolie verpacken.

Strudel mit Dörrfrüchten

Für die Füllung: Je 125 g entsteinte, getrocknete Zwetschgen und Aprikosen oder andere gemischte Dörrfrüchte nach Wahl; keine Äpfel · 75 g Haselnuß- oder Walnußkerne · 300 g säuerliche Äpfel · ½ Teel. Zimtpulver · 2 Eßl. Honig · 70 g Butter
Für den Teig: 300 g Weizen · 170 g saure Sahne · 1 Ei
Für die Form: Butter

Quellzeit: über Nacht
Vorbereitungszeit: 90 Minuten
Backzeit: 45–50 Minuten

Die Dörrfrüchte über Nacht, mit Wasser bedeckt, einweichen. • Am nächsten Tag zuerst für den Teig den Weizen sehr fein mahlen. Die Sahne und das Ei dazugeben und mit der Küchenmaschine zu einem glatten, elastischen Teig verkneten. Eine Kugel daraus rollen und diese unter einem angewärmten Topf 1 Stunde ruhen lassen. • Inzwischen die Nüsse reiben. Das Dörrobst auf einem Sieb abtropfen lassen. Die Äpfel in Stücke schneiden und entkernen. Die Apfel-

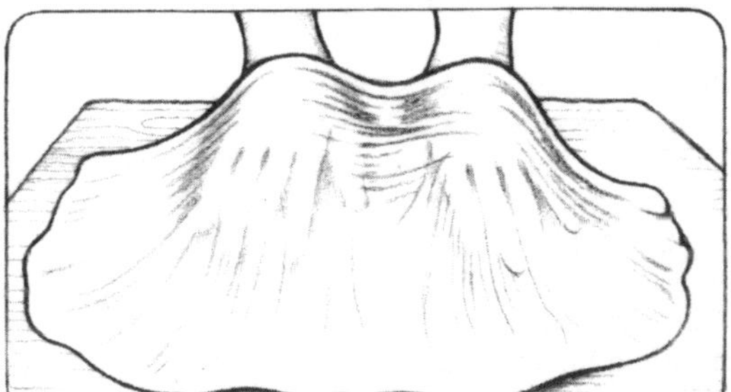

Strudelteig läßt sich über dem Handrücken am besten »ausziehen«. Mit selbstgemahlenem Weizenmehl ist der Teig manchmal etwas mürber und man rollt ihn dann besser nur ganz dünn aus.

stücke und das Dörrobst zusammen im Mixer oder in der Moulinette fein zerkleinern. Den Zimt und den Honig unter die Fruchtmasse rühren. • Den Strudelteig auf einem bemehlten Tuch 2 mm dick ausrollen. Die Butter zerlassen und den Teig mit ⅔ davon bestreichen. Die Fruchtmasse auf dem Teig verteilen und mit einem Teigschaber verstreichen. Die Teigränder frei lassen. Die Nüsse über die Füllung streuen. • Den Strudel von der Längsseite her durch leichtes Anheben des Tuches locker aufrollen. Die Teigenden umschlagen, fest zusammendrücken und den Strudel mit der »Naht« nach unten vorsichtig in eine gefettete längliche Backform legen. Die Oberseite mit zerlassener Butter bestreichen und dies während des Backens einige Male wiederholen, bis die Butter aufgebraucht ist. • Den Strudel auf der 2. Schiene von unten in den kalten Backofen schieben und bei 200° in 45–50 Minuten hellbraun backen. Er schmeckt warm und kalt sehr gut.

Sonnen-Plätzchen

Zutaten für die Grundmasse (etwa 30 Stück):
150 g Dinkel · 75 g gemischte Dörrfrüchte (Äpfel, Aprikosen, Zwetschgen, ohne Stein)
Außerdem nach Wunsch: 1–2 Teel. Honig · 3 Teel. Haselnußmus · abgeriebene Zitronenschale (Schale unbehandelt) · Zimtpulver und gemahlene Nelken oder gemahlene Vanille

Zubereitungszeit: 20 Minuten
Keimzeit für den Dinkel: etwa 1½ Tage
Trockenzeit: 3–4 Tage

Den Dinkel zum Keimen ansetzen, bis die Keime 1–2 mm lang sind. · Das Dörrobst nur einweichen, wenn es sehr trocken ist. Den gekeimten Dinkel und die Dörrfrüchte zusammen portionsweise in der Moulinette feinhacken. Nach Wunsch die anderen Zutaten unterkneten. • Aus der Masse gut kirschgroße Kugeln formen und diese zwischen zwei Bogen Backtrennpapier zu dünnen Plätzchen ausrollen. Die Plätzchen auf Dörrsiebe legen und an einem warmen Platz 3–4 Tage oder auf dem Dörrapparat bei kleinster Stufe trocknen lassen.

Apfelwaffeln

Zutaten für 8–10 runde Waffeln:
300 g Milch (Zimmertemperatur) · 6 Eßl. Sahne · 15 g Hefe · 2 Eßl. milder Blütenhonig · 100 g Weizen · 100 g Dinkel · 2 große Eier · 70 g Butter · 100 g Haselnußkerne · 60 g getrocknete Äpfel · abgeriebene Schale von 1 Zitrone (Schale unbehandelt)
Für das Waffeleisen: Butter

Vorbereitungszeit: 35 Minuten (einschließlich Ruhezeit für den Teig)
Backzeit: etwa 30 Minuten

Die Milch mit der Sahne, der Hefe und dem Honig so lange verrühren, bis die Hefe aufgelöst ist. • Den Weizen und den Dinkel zusammen feinmahlen. Das Mehl mit den Eiern unter die Hefemilch rühren. • Die Butter bei milder Hitze zerlassen. Die Nüsse reiben. Die Äpfel in der Moulinette feinhacken. Alle Zutaten unter den Hefeteig rühren. Den Teig 20 Minuten gehen lassen. • Das Waffeleisen auf Stufe 2 aufheizen und nur bei der ersten Waffel leicht mit Butter einfetten. Auf jedes Waffelherz etwas Teig geben. 2½–3 Minuten backen, bis die Waffeln goldgelb sind. Auf einem Kuchengitter abkühlen lassen und frisch servieren.

Dörrfrüchte, süß und pikant

Getrocknete Äpfel, Birnen und Zwetschgen sind nicht nur gesunde Leckereien. Sie passen auch gut zu süßen Getreidegerichten, zu luftigen Quarkcremes und zu feinen Desserts. Viele Kinder mögen ihr Frühstücksmüsli mit zerkleinerten, kurz eingeweichten Dörrfrüchten besonders gern.
Herzhafte Gemüsegerichte und Frischkostsalate erhalten durch getrocknete Früchte eine besondere Note. Ganz ausgezeichnet aber schmekken getrocknete Birnen, Äpfel, Pflaumen und Aprikosen zu kräftigem Käse und Wein.

Aprikosen-Mandel-Eis

80 g getrocknete Aprikosen ohne Stein · 2 Gläschen Aprikosen- oder Orangenlikör (4 cl) · 2 Eßl. Zitronensaft · 1 Eßl. Wasser · 80 g Mandeln · ¼ l Sahne · 1½ Eßl. Honig · ¼ Teel. gemahlene Vanille
Zum Garnieren: 1–2 Eßl. geröstete Mandelbättchen

Zubereitungszeit: 30 Minuten
Marinierzeit: 1 Stunde
Gefrierzeit: 4 Stunden

Die Aprikosen in feine Streifen schneiden. Den Aprikosen- oder den Organgenlikör mit dem Zitronensaft und dem Wasser mischen und die Aprikosen darin zugedeckt 1 Stunde ziehen lassen. • Die Mandeln kurz in kochendes Wasser legen, abziehen und feinhacken. Die Sahne steif schlagen, den Honig und die Vanille darunterziehen. Dann die Mandeln und die Aprikosen unterheben. Die Creme in ein entsprechendes Gefäß füllen und mindestens 4 Stunden im Gefriergerät durchfrieren lassen. • Das Eis aus der Form stürzen (ein heißes, nasses Tuch um die Form legen) und mit den Mandelblättchen bestreuen.

Maiscreme

100 g grober Maisgrieß (Kukuruz) · 350 g Wasser · 100 g Milch · 1 Eßl. Honig · abgeriebene Schale von ½ Zitrone (Schale unbehandelt) · ¼ Teel. Zimtpulver · 2 Messerspitzen gemahlene Vanille · 50 g Dörrfrüchte (Birnen, Zwetschgen, Kirschen, Aprikosen, ohne Stein) · 40 g Haselnußkerne · 80 g Sahne

Zubereitungszeit: 20 Minuten

Den Maisgrieß mit dem Wasser anrühren und unter ständigem Rühren zu einem dicken Brei kochen. Auf der ausgeschalteten Herdplatte noch 10 Minuten quellen lassen. • Die Milch, den Honig, die Zitronenschale und die Gewürze unter den Mais rühren. Die Dörrfrüchte zusammen mit den Nüssen in der Moulinette zerkleinern und ebenfalls unterrühren. • Die Sahne steif schlagen. 2 Eßlöffel davon in eine Tortenspritze füllen. Die übrige Sahne unter den abgekühlten Maisbrei heben. Die Creme in eine Glasschale füllen und mit der restlichen Sahne garnieren.

Variante: Statt Sahne ½ Eßlöffel Butter sowie 1 Eigelb unter die Masse rühren und den steifen Schnee von 1 Eiweiß unterziehen. Die Dörrfrüchte kann man zu einem Teil oder auch ganz durch dunkle kalifornische Weinbeeren ersetzen.

Kompott aus Dörrobst

⅜ l Wasser · abgeriebene Schale von ½ Zitrone (Schale unbehandelt) · je ¼ Teel. Ceylon-Zimtpulver und gemahlener Anis · je ⅓ Teel. gemahlene Nelken und Ingwer · 180 g gemischtes Dörrobst (Äpfel, Birnen, Aprikosen, Kirschen, Zwetschgen, ohne Stein)

Zubereitungszeit: 5 Minuten
Quellzeit: 4 Stunden

Das Wasser mit der Zitronenschale und den Gewürzen auf 35–40 °C erwärmen und über die Dörrfrüchte gießen. Die Früchte so lange darin ziehen lassen, bis sie weich, aber noch nicht matschig sind.

Paßt gut zu: allen süßen Getreidespeisen.

Varianten: Man kann die Dörrfrüchte auch in lauwarmem Apfelschalentee (Rezept Seite 70) quellen lassen. • Das Dörrfruchtkompott kann noch durch frisches, reifes Obst ergänzt werden. Dieses wird erst unmittelbar vor dem Servieren kleingeschnitten und daruntergemischt.

Variante: Sauce aus Dörrobst
Das gequollene Dörrobst mit dem Einweichwasser zu einer Sauce mixen. Man kann noch Sanddornsaft oder auch frisches oder tiefgefrorenes feingemixtes Obst darunterrühren.

Birnenquark

60 g getrocknete, saftige Birnen · 2 Eßl. Wasser · 2 Eßl. Birnendicksaft · 300 g Quark · ⅛ l Milch · abgeriebene Schale von ½ Zitrone (Schale unbehandelt) · 4 Teel. Zitronensaft · 100 g Sahne · 2 Kiwis

Quellzeit für die Birnen: 30–60 Minuten
Zubereitungszeit: 20 Minuten

Die Birnen kleinschneiden. Das Wasser und den Birnendicksaft mischen und die Birnen darin 30–60 Minuten quellen lassen. • Den Quark mit der Milch, der Zitronenschale und dem Zitronensaft cremig rühren. Die Birnenstückchen untermengen. Die Sahne steif schlagen und unter die Quarkcreme heben. Die Creme auf vier Dessertteller verteilen. • Kurz vor dem Servieren die Kiwis schälen, längs halbieren und quer in Scheiben schneiden. Jede Portion mit einer Rosette aus Kiwischeiben garnieren.

Rhabarberkompott mit Dörrfrüchten

Der säuerliche Geschmack des Rhabarbers wird durch das Dörrobst angenehm gemildert.

1 Zimstange · 2 Nelken · dünn abgeschälte Schale von ½ Zitrone (Schale unbehandelt) · 300 g Wasser · 500 g rotstieliger Rhabarber · 150 g gemischtes Dörrobst (Äpfel, Birnen, Aprikosen, Zwetschgen, Kirschen, ohne Stein) · 2 Eßl. Zitronensaft · etwa 2 Eßl. Honig

Vorbereitungszeit: 15 Minuten
Garzeit: 13 Minuten
Zeit zum Durchziehen: 1–2 Stunden

Die Zimtstange in zwei Hälften brechen und mit den Nelken und der Zitronenschale in dem Wasser 10 Minuten kochen lassen. • Inzwischen den Rhabarber putzen, waschen und in Stücke schneiden. Die Rhabarberstücke in dem kochenden Würzsud 3–5 Minuten ziehen lassen. Dann von der Kochstelle nehmen und etwas abkühlen lassen. • Die Dörrfrüchte – mit Ausnahme der Kirschen – in Stücke schneiden. Die Früchte mit dem Zitronensaft unter den Rhabarber heben. 1–2 Stunden durchziehen lassen, bis die Dörrfrüchte genügend gequollen sind. • Die Zimtstange und die Zitronenschale herausnehmen und das Kompott nach Geschmack mit Honig süßen.

Rotkraut mit Birnen und Pflaumen

600 g Rotkraut (geputzt gewogen) · 100 g Zwiebeln · 50 g Butter · 3½ Eßl. Wasser · 3 Eßl. trockener Weißwein · 40 g getrocknete, saftige Birnen · 40 g getrocknete, saftige Zwetschgen ohne Stein · 125 g Äpfel · ½ Teel. frischer, geriebener Ingwer · je ¼ Teel. gemahlene Nelken und Piment · 1 gestrichener Teel. Kräutersalz · 2–3 Eßl. Zitronensaft

Zubereitungszeit: 30 Minuten

Das Rotkraut vierteln und den Strunk herausschneiden. Dann das Kraut in feine Streifen hobeln; das geht am besten mit der Brotschneidemaschine. • Die Zwiebeln schälen, würfeln und in 30 g Butter sowie ½ Eßlöffel Wasser glasig braten. Das Kraut, 3 Eßlöffel Wasser und den Wein dazugeben. Alles 5 Minuten in der geschlossenen Pfanne bei kleiner Hitze dünsten. • Die Birnen und die Pflaumen in große Stücke schneiden und zum Kraut geben. Die Äpfel entkernen, in Scheibchen schneiden und ebenfalls unter das Kraut mischen. Das Gemüse noch etwa 10 Minuten garen, bis es weich, aber noch bißfest ist. • Zum Schluß die restlichen 20 g Butter unterziehen und das Kraut mit den Gewürzen, dem Salz und dem Zitronensaft pikant abschmecken.

Das paßt dazu: Kartoffelpüree sowie gekochte, in Butter geschwenkte und mit wenig Kräutersalz bestreute Maronen.

Apfel-Weißkraut mit Aprikosen

100 g getrocknete Aprikosen ohne Stein · ⅛ l trockener Weißwein · 600 g Weißkraut (geputzt gewogen) · 100 g Zwiebeln · 50 g Butter · ⅛ l Wasser oder Gemüsebrühe · 375 g säuerliche Äpfel · ½–¾ Teel. Currypulver · 1 Gemüsebrühwürfel · 100 g Sahne · ¼ Teel. Cayennepfeffer · 1 Prise gemahlene Muskatblüte · ½ Teel. frischer, geriebener Ingwer · Kräutersalz · Zitronensaft · 1 Eßl. feingehackte Petersilie

Quellzeit für die Aprikosen: 30 Minuten
Vorbereitungszeit: 25 Minuten
Garzeit: 20 Minuten

Die Aprikosen in kleine Würfel schneiden und in dem Wein 30 Minuten quellen lassen. • Das Weißkraut vierteln, den Strunk herausschneiden und das Kraut grobraspeln. Die Zwiebeln schälen und würfeln. Die Zwiebelwürfel in 20 g Butter und 1 Eßlöffel Wasser oder Gemüsebrühe in einer großen Pfanne glasig braten. Das Kraut und das restliche Wasser oder die Gemüsebrühe dazugeben. • Die Äpfel entkernen, grobraspeln und mit dem Curry und dem Brühwürfel unter das Kraut mischen. Das Gemüse in der geschlossenen Pfanne in etwa 20 Minuten bißfest kochen. • Die Pfanne von der Kochplatte nehmen. Die restlichen 30 g Butter, die Sahne sowie die Aprikosen mit dem Wein unterziehen und das Gemüse mit den Gewürzen abschmecken. Mit der Petersilie bestreut servieren.

Das paßt dazu: körnig gekochter Dinkel, Kartoffelgratin oder Kartoffelpüree.

Variante: Das Kraut schmeckt auch sehr gut, wenn Sie statt der Aprikosen getrocknete Zwetschgen oder dunkle kalifornische Weinbeeren nehmen.

Bild rechts: Eine der bekanntesten und beliebtesten Verwendungsarten für Dörrfrüchte ist das Früchtebrot. Rezept Seite 64. ▷
Zum Bild auf Seite 72: Roh gerührte Erdbeermarmelade, allerfeinste Kirschmarmelade und Birnenmus. Rezept Seite 79, 81, 83.

Dörrobst, raffiniert gefüllt

Dörrobst paßt gut zu pikantem Käse und Wein. Überraschen Sie Gäste einmal mit pikant gefüllten Dörrpflaumen und Birnenspießchen (siehe nachfolgendes Rezept). Dazu sollten Sie ausgesucht schönes Dörrobst nehmen und die Mandeln sowie die Walnüsse 6–8 Stunden in kaltem Wasser quellen lassen. Sie schmecken dann wie frisch geerntet. Hier einige Vorschläge:

Dörrpflaumen mit Schafkäse
Schafkäse zu Kugeln formen und etwas abflachen. Dörrpflaumen (entsteint getrocknet) damit füllen und in jede 1 Mandel schräg hineinstekken.

Dörrpflaumen mit Gorgonzola
Gorgonzola oder anderen nicht zu scharfen Weichschimmelkäse durch ein Sieb streichen. Die Masse, eventuell mit etwas Sahne, zu einer festen Creme rühren. Dörrpflaumen halbieren. Jede Hälfte mit einer Käserosette bespritzen und 1 Walnußhälfte daraufsetzen.

Dörrpflaumen mit Käsestreifen
Ziegenkäse oder alten Gouda oder eine andere würzige Käsesorte in Streifen schneiden und die Pflaumen damit füllen.

Appenzeller Birnenspießchen

Appenzeller Käse in nicht zu dicke Würfel schneiden. Zuerst 1 Walnußhälfte, dann 1 Käsewürfel, 2 Streifen getrocknete Birne und zum Schluß wieder 1 Käsewürfel aufspießen.

Tip: Auch eine Käseplatte läßt sich durch schönes Dörrobst und Walnüsse bereichern.

Aromatischer Apfelschalentee

Der Tee wird noch aromatischer, wenn man ihn 3–4 Stunden kalt ausziehen läßt und erst dann kocht. Man kann ihn auch mit der doppelten Menge frischer Apfelschalen zubereiten.

2 Handvoll getrocknete Apfelschalen und -kerngehäuse · 2 Teel. getrocknete Hagebutten · ½ Zimtstange · 5 Gewürznelken · ¼ Teel. Anis · dünn abgeschälte Schale von ¼ Zitrone (Schale unbehandelt) · ¾ l Wasser · 1–2 Teel. Blütenhonig

Zubereitungszeit: 5 Minuten
Zeit zum Durchziehen: 10 Minuten bis 4 Stunden

Die Zutaten von Apfelschalen bis Wasser in einen Topf geben und nach Möglichkeit einige Zeit kalt ausziehen lassen. Dann alles aufkochen und auf der ausgeschalteten Herdplatte 10 Minuten ziehen lassen. Den Tee abgießen und sparsam mit Honig süßen.

Varianten: Sie können den Tee noch geschmacklich variieren mit 1 Beutel fertiger Früchtetee-Mischung (besonders zu empfehlen bei wenig aromatischen Apfelschalen), mit frischer Zitronenmelisse oder Zitronenthymian, 1–2 Blättchen frischer oder getrockneter Apfel- oder Pfefferminze, 1 frischen oder getrockneten Holunderblütendolde oder mit 1 Stückchen frischer feingeschnittener Ingwerwurzel.

Gemüse, Pilze, Kräuter

Getrocknetes Gemüse und Pilze müssen vor der weiteren Verwendung eingeweicht werden, damit sich ihr Aroma besser entfaltet und sie ihre ursprüngliche Konsistenz wiedererlangen.
Gemüse: Größere Gemüsestücke in kalter Gemüsebrühe (selbstgemacht) oder in Wasser über Nacht, zerkleinertes Gemüse in lauwarmer Gemüsebrühe oder in Wasser 30-60 Minuten quellen lassen. Das Einweichwasser bei der Zubereitung immer mitverwenden! Da Gemüse beim Trocknen an Aroma einbüßt, verwenden wir meist getrocknetes und frisches Gemüse in einem Gericht oder würzen kräftig nach.
100-125 getrocknetes Gemüse entsprechen etwa 500 g frischer Ware.
Pilze: Ist man nicht sicher, ob die Pilze wirklich sauber sind, spült man sie in einem Sieb kurz unter fließendem Wasser ab. Größere Pilzstücke läßt man 1-2 Stunden, zerkleinerte Pilze mindestens 30 Minuten in lauwarmem Wasser quellen. Ist dann noch Einweichflüssigkeit übrig, gießt man sie durch ein mit Filterpapier oder Küchenkrepp ausgelegtes Sieb, um eventuell vorhandenen Sand oder Erde zurückzuhalten. Da getrocknete Pilze nicht so ausgiebig sind wie frische, kombinieren wir sie gerne mit Zuchtchampignons oder Würzgemüsen wie Zwiebeln oder Lauch. 50 g getrocknete Pilze entsprechen etwa 500 g frischer Ware.
Kräuter: Damit getrocknete Kräuter ihre volle Würzkraft entfalten, fügt man sie gekochten Gerichten 3 Minuten vor Ende der Garzeit bei. In Salatsaucen läßt man sie 10-15 Minuten ziehen.

Pilz-Kartoffel-Gratin

50 g getrocknete Pilze · 200 g lauwarmes Wasser · 375 g frische Champignons · 150 g Zwiebeln · 150 g Lauch · 30 g Butter · ½ Gemüsebrühwürfel · je ¾ Teel. getrockneter, gerebelter Majoran und Thymian · 2 Eßl. feingehackte Petersilie · Kräutersalz · frisch gemahlener weißer Pfeffer · 1 kg festkochende Kartoffeln · 80 g Allgäuer Emmentaler oder eine andere würzige Käsesorte · 200 g Sahne · 2 Eier
Für die Form: Butter

Einweichzeit für die Pilze: 30 Minuten
Vorbereitungszeit: 50 Minuten
Backzeit: 35 Minuten

Die getrockneten Pilze in einem Sieb unter fließendem Wasser gründlich abspülen, dann grob zerschneiden und in dem lauwarmen Wasser 30 Minuten einweichen. • Die Champignons putzen, kurz waschen und in Scheiben schneiden. Die Zwiebeln schälen und feinwürfeln. Den Lauch putzen, der Länge nach halbieren, unter fließendem Wasser gründlich waschen und in Ringe schneiden; auch die zarten grünen Teile mitverwenden. • Die Zwiebelwürfel in der Butter glasig braten. Die Lauchstreifen, die eingeweichten Pilze und die Champignonscheiben dazugeben. Unter Umwenden einige Minuten schmoren, bis die Flüssigkeit fast verdampft ist. Den Brühwürfel und die Kräuter dazugeben. Mit Kräutersalz und frisch gemahlenem Pfeffer kräftig abschmecken. • Die Kartoffeln unter fließendem Wasser sauber bürsten, mit der Schale in ½ cm dicke Scheiben schneiden. Die Hälfte der Kartoffelscheiben dachziegelartig in eine ausgefettete flache Gratinform schichten. Die Pilze darüber verteilen. Die übrigen Kartoffelscheiben daraufschichten. • Den Käse reiben und über den Auflauf streuen. Die Sahne mit den Eiern und ½ Teelöffel Kräutersalz verquirlen und darübergießen. • Die Form auf der 2. Schiene von unten in den kalten Backofen schieben und den Auflauf bei 200° in 30-35 Minuten goldbraun backen.

Gemüsepuffer mit Kerbelsahne

Für den Teig: 3 Eier · 6 Eßl. Sahne · 150 g Wasser oder Weißwein · 220 g Weizen · 1 Knoblauchzehe · ¾ Teel. Kräutersalz · ½ Teel. Delikata · 1 Teel. getrockneter, gerebelter Majoran
Für die Füllung: 60 g getrocknetes Gemüse (Möhren, Sellerie, Wirsing oder Weißkraut) · 300 g warmes Wasser · 1 Zwiebel (70 g) · 10 g Butter
Zum Braten: 40 g Butter
Für die Kerbelsahne: 400 g saure Sahne · 1 Eßl. Zitronensaft · ½ Teel. Senf · ¼ Teel. Kräutersalz · 2 Teel. feingeschnittener Schnittlauch · 50 g feingehackter Kerbel

Zubereitungszeit: 1 Stunde
Quellzeit für das Gemüse und den Teig: 2 Stunden

Für den Teig die Eier mit der Sahne und dem Wasser oder dem Wein verrühren. Den Weizen feinmahlen und dazugeben. Die Knoblauchzehe schälen, durchpressen und mit den übrigen Würzzutaten unterrühren. Den Teig 1-2 Stunden quellen lassen. • Für die Füllung das Dörrgemüse zerkleinern und in dem warmen Wasser 2 Stunden einweichen. • Anschließend die Zwiebel schälen, würfeln und in 10 g Butter glasig braten. Das eingeweichte Gemüse dazugeben und in der geschlossenen Pfanne etwa 5 Minuten dünsten. Die Gemüsemischung unter den Teig rühren. • Butter in einer Pfanne zerlassen. Jeweils 2 Eßlöffel Teig darin zu Küchlein ausstreichen. Die Gemüsepuffer in der geschlossenen Pfanne backen, bis die Unterseite fest ist. Dann wenden, etwas Butter zugeben und in der offenen Pfanne fertigbraten. • Für die Kerbelsahne die saure Sahne mit allen übrigen Zutaten verrühren und zu den Gemüsepuffern servieren.

Gerstenschrotsuppe mit Gemüse

50 g gemischtes getrocknetes Gemüse (Sellerie, Lauch, Möhren, Blumenkohl oder Wirsing oder Weißkraut) · 1 Eßl. getrocknete Pilze · 100 g Nacktgerste · 1½ l Gemüsebrühe oder Wasser · 2½ Gemüsebrühwürfel · 1 Teel. getrockneter, gerebelter Majoran · ½ Teel. Delikata · 10 g Butter · 6 Eßl. saure Sahne · 3 Eßl. trockener Weißwein · 3 Eßl. feingehackte Kräuter (reichlich Kerbel oder Petersilie, Schnittlauch und Liebstöckel oder Wildkräuter)

Quellzeit: 30–60 Minuten
Vorbereitungszeit: 10 Minuten
Garzeit: 10–15 Minuten

Das Gemüse und die Pilze in der Moulinette feinhacken. Die Gerste grobschroten (wie für Müsli). Die Gemüsemischung und das Getreideschrot in einem Kochtopf mit 1 l lauwarmer Gemüsebrühe übergießen und 30-60 Minuten quellen lassen. • Anschließend die Brühwürfel dazugeben und die Suppe 10–15 Minuten leise kochen lassen. • Den Majoran und das Delikata zufügen und noch so viel Gemüsebrühe oder Wasser dazugießen, bis die gewünschte Konsistenz erreicht ist. Die Butter, die saure Sahne und den Wein unterrühren. Zum Schluß die frischen Kräuter über die Suppe streuen.

Mais-Gemüse-Auflauf

60 g getrocknetes Gemüse, zum Beispiel Möhren, Sellerie, Weißkraut oder Wirsing · 700 g Gemüsebrühe oder Wasser · 200 g grober Maisgrieß (Kukuruz) · 1 große Zwiebel (100 g) · 2 Eßl. Sonnenblumenöl · 1 Eßl. Wasser · 1 Knoblauchzehe · 20 g Butter ·

1½ Gemüsebrühwürfel · 2 Teel. getrockneter, gerebelter Majoran
Für den Guß: 2 Eier · 50 g Sahne · frisch gemahlener schwarzer Pfeffer und geriebene Muskatnuß · Kräutersalz
Zum Bestreuen: 50 g Reibkäse
Für die Form: Butter
Zum Garnieren: 1 Tomate · krause Petersilie

Quellzeit: über Nacht beziehungsweise 2–3 Stunden
Vorbereitungszeit: 20 Minuten
Garzeit: 20 Minuten
Backzeit: 25–30 Minuten

Das getrocknete Gemüse über Nacht oder (je nach Größe) 2–3 Stunden in 300 g lauwarmer Gemüsebrühe oder Wasser aufquellen lassen. • Den Maisgrieß in 400 g Gemüsebrühe oder Wasser 2–3 Stunden einweichen. Dann im geschlossenen Topf bei kleinster Einstellung aufkochen und auf der ausgeschalteten Platte 15–20 Minuten ziehen lassen, bis die Flüssigkeit aufgesogen ist. • Inzwischen die Zwiebel schälen und würfeln. Das Öl mit 1 Eßlöffel Wasser in einer Pfanne erhitzen und die Zwiebelwürfel darin glasig braten. Das Gemüse mit der noch vorhandenen Einweichflüssigkeit dazugeben und in der geschlossenen Pfanne etwa 10 Minuten dünsten, bis es knapp gar ist. • Die Knoblauchzehe schälen. Die Butter, die Brühwürfel und den Majoran zum Gemüse geben. Den Knoblauch durch die Presse darandrücken und alles unterziehen. • Alle Zutaten für den Guß verrühren. • Das Gemüse, den Mais und gut die Hälfte der Ei-Sahne-Mischung vermengen und nochmals abschmecken. Die Masse in eine gefettete Auflaufform füllen. Den Käse darüberstreuen und mit dem restlichen Guß beträufeln. • Den Auflauf auf der untersten Schiene in den kalten Backofen schieben und bei 200° 25–30 Minuten backen, bis die Oberfläche leicht gebräunt ist. • 5 Minuten vor Ende der Backzeit die Tomate in Scheiben schneiden und auf den Auflauf legen. Vor dem Servieren mit Petersilie garnieren.

Pilz-Kartoffel-Suppe

40 g getrocknete Mischpilze (etwa 2 Tassen) · 1 l Wasser · 70 g Lauch/Porree · 300 g Kartoffeln (geschält gewogen) · 2 Gemüsebrühwürfel · 30 g Butter · 100 g saure Sahne · 4 Eßl. trockener Weißwein · je ¾ Teel. getrockneter, gerebelter Majoran und Thymian oder die doppelte Menge frische, gehackte Kräuter · frisch gemahlener Pfeffer · Knoblauch · 2 Eßl. feingehackte Petersilie

Vorbereitungszeit: 20 Minuten
Einweichzeit für die Pilze: 30 Minuten
Garzeit: 20 Minuten

Die Pilze auf einem Sieb unter fließendem Wasser abspülen, kleinschneiden und in ½ l handwarmem Wasser 30 Minuten einweichen. • Den Lauch putzen, längs halbieren, gründlich waschen und in schmale Streifen schneiden; auch zarte grüne Teile mitverwenden. Die Pilze mit dem Einweichwasser zum Kochen aufsetzen, dabei noch ¼ l Wasser zugießen. Die Kartoffeln in kleine Würfel schneiden oder grobraspeln, dann mit dem Lauch in die kochende Pilzbrühe geben. 15–20 Minuten garen, bis die Kartoffeln weich sind. • Alles mit dem Schneidstab des Handmixers pürieren. ¼ l Wasser zugießen. Die Brühwürfel, die Butter, die saure Sahne, den Wein und die Kräuter dazugeben. Die Suppe vorsichtig erwärmen, aber nicht kochen lassen. • Zum Schluß die Suppe mit frisch gemahlenem Pfeffer und wenig durchgepreßtem Knoblauch abschmecken. Vor dem Servieren die Petersilie darüberstreuen.

Minestrone mit Käseklößchen

Für die Klößchen: 60 g Butter · 2 große Eier · 4 Eßl. Gemüsebrühe oder Wasser · 60 g Parmesankäse · 70 g Weizen · 70 g Grünkern · 1 Eßl. feingehackte Petersilie · 1 gestrichener Teel. Kräutersalz · ¼ Teel. frisch geriebene Muskatnuß
Für die Minestrone: 50 g gemischtes getrocknetes Gemüse (Möhren, Wirsing oder Weißkraut, Sellerie, Lauch) · 1½ l lauwarme Gemüsebrühe oder Wasser · 3 Gemüsebrühwürfel · 1 Teel. getrockneter, gerebelter Majoran · 15 g Butter · 3 Eßl. gehackte Petersilie

Ruhezeit für den Klößchenteig: 1–2 Stunden
Vorbereitungszeit: 35 Minuten
Garzeit: 15 Minuten

Die Butter bei mäßiger Wärme zerlassen, die Eier und die Gemüsebrühe oder das Wasser damit verrühren. Den Käse reiben, das Getreide feinmahlen. Beides mit der Petersilie unter die Buttermischung rühren. Die Masse mit dem Kräutersalz und der Muskatnuß kräftig abschmecken. Den Klößchenteig zugedeckt 1–2 Stunden im Kühlschrank ruhen lassen. • Während der Teig für die Klößchen ausquillt, das Gemüse eventuell noch etwas zerkleinern und 30 Minuten in der lauwarmen Gemüsebrühe oder dem Wasser einweichen. • Anschließend die Brühwürfel zum Gemüse in die Brühe geben und aufkochen lassen. Aus dem Klößchenteig mit nassen Händen gut kirschgroße Kugeln rollen. Die Klößchen in die Suppe legen und 15 Minuten bei mäßiger Hitze ziehen lassen. Den Majoran und die Butter dazugeben und die Gemüsesuppe mit der Petersilie bestreuen.

Variante: Statt mit Parmesan kann man die Klößchen auch mit Allgäuer Emmentaler Käse zubereiten, sollte sie dann aber zusätzlich mit ½ Teelöffel Schabzigerklee würzen, um den Käsegeschmack noch hervorzuheben.

Haselnuß-Grünkern mit Pilzen

Grünkern muß zwar vor dem Kochen nicht unbedingt eingeweicht werden. Doch die Garzeit ist nur halb so lang, wenn man ihn über Nacht in Wasser quellen läßt. Auch die Vitamine werden bei kürzerer Garzeit mehr geschont.

Für den Grünkern: 250 g Grünkern · 450 g Wasser · 1 Gemüsebrühwürfel · 35 g Butter · 60 g Haselnußkerne
Für die Pilze: 15 g getrocknete Pilze · 100 g lauwarmes Wasser · 40 g Zwiebeln · 70 g Lauch/Porree · 20 g Butter · 250 g kleine Champignons · ½ Gemüsebrühwürfel · 3 Eßl. Crème fraîche · Kräutersalz · frisch gemahlener schwarzer Pfeffer · 2 Eßl. gehackte Petersilie

Quellzeit für den Grünkern: über Nacht
Quellzeit für die Pilze: 30 Minuten
Vorbereitungszeit: 35 Minuten
Garzeit: 15 Minuten

Den Grünkern über Nacht in 450 g kaltem Wasser einweichen. • Am nächsten Tag die getrockneten Pilze in einem Sieb unter fließendem Wasser gründlich abbrausen. Dann kleinschneiden und in 100 g lauwarmem Wasser 30 Minuten quellen lassen. • Den Brühwürfel zum Grünkern geben, einmal aufkochen und bei kleinster Hitze oder auf der ausgeschalteten Herdplatte 10–15 Minuten ausquellen lassen. • Die Nüsse mittelgrob hacken und in 15 g Butter unter ständigem Wenden goldgelb rösten. Die Zwiebeln schälen und würfeln. Den Lauch putzen, längs halbieren und gründlich waschen, dann in schmale Streifen schneiden. Die Zwiebelwürfel und die Lauchstreifen in 20 g Butter andünsten. Die Pilze dazugeben und in der offenen Pfanne braten, bis die Flüssigkeit fast verdampft ist. • Inzwischen die Champignons waschen und je nach Größe vierteln oder halbieren. Dann zur Pilz-Gemüse-Mischung geben und 5 Minuten unter Umwenden braten. Den zerbröckelten Brühwürfel zufügen und die Crème fraîche darunterrühren. • Unter den heißen Grünkern 20 g Butter ziehen und die gerösteten Nüsse daruntermischen. Die Pilze mit Salz und frisch gemahlenem Pfeffer abschmecken. Mit der Petersilie bestreuen und zum Grünkern servieren oder daruntermischen.

Reispfanne mit Würzpilzen

200 g Naturreis (Lang- oder Mittelkorn) · 1 Lorbeerblatt · 400 g Pilzbrühe (siehe nächste Seite) oder Wasser · 25 g getrocknete Pilze wie Totentrompeten, Maronen, Täublinge, Steinpilze · ⅛ l lauwarmes Wasser · 1½ Gemüsebrühwürfel · 2 Eßl. Mandeln · 60 g Butter · 400 g Lauch/Porree oder Frühlingszwiebeln · 1 Eßl. Wasser · 1 kleine Knoblauchzehe · 1½ Teel. getrockneter, gerebelter Thymian oder 2 Teel. frisches Kraut · Kräutersalz · frisch gemahlener Pfeffer · 5 Eier · 30 g mittelalter Goudakäse · 2 Eßl. feingehackte Petersilie

Quellzeit für den Reis: über Nacht
Quellzeit für die Pilze: 30 Minuten
Vorbereitungszeit: 50 Minuten
Garzeit: 35 Minuten

Den Reis mit dem Lorbeerblatt über Nacht in der Pilzbrühe oder dem Wasser einweichen. • Am nächsten Tag die Pilze in einem Sieb unter fließendem Wasser gründlich abspülen, dann grob zerschneiden und in dem lauwarmen Wasser 30 Minuten einweichen. • Den Reis mit 1 Brühwürfel in 20–25 Minuten körnig kochen. • Die Mandeln kurz in kochendes Wasser legen, abziehen und in Stifte schneiden. Die Mandelstifte in 5 g Butter unter Umwenden goldgelb rösten und beiseite stellen. • Den Lauch oder die Frühlingszwiebeln putzen, waschen, in Ringe schneiden und in 15 g Butter sowie 1 Eßlöffel Wasser in einer Pfanne andünsten. Die Knoblauchzehe schälen und in die Pfanne pressen. Die Pilze dazugeben. In der offenen Pfanne alles so lange dünsten, bis die Flüssigkeit fast verdampft ist. • ½ Brühwürfel und den Reis zum Gemüse geben. 30 g Butter und den Thymian unterziehen. Das Ganze mit Kräutersalz und frisch gemahlenem Pfeffer abschmecken. • Die Eier verquirlen und den Käse reiben. 10 g Butter in einer zweiten Pfanne erhitzen. Die Hälfte der Reismasse hineingeben. Die Eier und den Käse über beide Pfannen verteilen. Bei geringer Hitze so lange braten, bis die Eimasse gestockt ist. • Die Petersilie und die Mandelstifte über die Reispfannen streuen und sofort servieren.

Pilzpulver

Pilzpulver ist eine ausgezeichnete Würze für Suppen, Saucen, Kartoffel- und Gemüsegerichte. Am besten eignen sich dazu aromatische Trockenpilze wie Totentrompeten, Nelkenschwindlinge, Stockschwämmchen, Habichtspilze und Steinpilze.
Die strohtrockenen Pilze werden mit der Moulinette oder einer Gewürzmühle zu feinem Pulver zerkleinert und in dicht schließenden Schraubgläsern aufbewahrt.

Pilzbrühe

Aus Massenpilzen und aus sonst nicht verwendbaren Teilen, wie zu harten Stielen, kann man eine aromatische Brühe bereiten, die Suppen, Saucen und Eintöpfen einen würzigen Geschmack verleiht.
Frische, zerkleinerte Pilze bringt man mit Wasser bedeckt zum Kochen und läßt sie 20 Minuten bei kleiner Hitze weiterkochen. Anschließend die Brühe abseihen und die ausgekochten Pilze wegwerfen. Sie sind zäh und wertlos.
Noch kräftiger schmeckt eine Brühe aus getrockneten Pilzen. Sie wird ebenso zubereitet. Auf ⅜ l Wasser nimmt man etwa ½ Tasse getrocknete Pilze.

Pilzklößchensuppe

Bild Seite 36

50 g Butter · 2 kleine Eier · 1 gestrichener Teel. Kräutersalz · 1 Teel. getrockneter, gerebelter Majoran · ¼ Teel. frisch geriebene Muskatnuß · 5 gestrichene Teel. Pilzpulver · 100 g feine Vollkornbrösel · 1 dicke Möhre (etwa 100 g) · 1 l Wasser (oder halb Wasser, halb Pilzbrühe) · 2 Gemüsebrühwürfel · 1 Tasse junge Erbsen · 2 Eßl. feingehackte Petersilie

Quellzeit: 30–60 Minuten
Vorbereitungszeit: 20 Minuten
Garzeit: 15 Minuten

Die Butter zerlassen. Die Eier, die Gewürze und die Brösel damit verrühren. Die weiche Masse bei Zimmertemperatur 30–60 Minuten quellen lassen. • Inzwischen die Möhre putzen, unter fließendem Wasser gründlich abbürsten, dann in 3 mm dicke Scheiben schneiden. Die Möhrenscheiben in der Hälfte des Wassers oder der Brühe mit 1 Brühwürfel etwa 10 Minuten garen. Dann die Scheiben herausnehmen und mit einem kleinen Ausstecher Blüten ausstechen. • Die Kochbrühe mit dem restlichen Wasser oder der restlichen Brühe auffüllen, den zweiten Brühwürfel dazugeben und zum Kochen bringen. Aus der Klößchenmasse kirschgroße Kugeln rollen. Die Klößchen in der kochenden Brühe 10–15 Minuten ziehen lassen. • Während der letzten 3 Minuten die Erbsen und die Möhrenblüten mitgaren. Die Suppe zum Schluß mit der Petersilie bestreuen.

Pilzbutter

Pilzbutter schmeckt aufs Brot ebenso gut wie zu Folien- und Pellkartoffeln. Auch Suppen und Saucen lassen sich damit verfeinern.

1–2 Schalotten · 100 g sehr weiche Butter · 4–5 Teel. Pilzpulver · ¼ Teel. Kräutersalz · ½ Teel. Worcestersauce · 2 Teel. feingehackte Petersilie

Zubereitungszeit: 10 Minuten

Die Schalotten schälen und sehr fein hacken. Die Butter mit dem Pilzpulver und den feingehackten Schalotten verrühren. Mit Salz und Worcestersauce abschmecken und die Petersilie daruntermischen.

Marmeladen ohne Zucker

Seit wir uns vor fast 20 Jahren mit der Vollwertkost angefreundet haben und am Morgen unser Frischkornmüsli mit Genuß essen, kommt bei uns Marmelade nur noch auf den Frühstückstisch, wenn wir Gäste haben.
Marmelade ist bei einer vollwertigen Ernährung entbehrlich, doch spätestens, wenn im Frühsommer die rotglänzenden Erdbeeren aus dem dunkelgrünen Laub hervorleuchten und die Beerensträucher so reichlich tragen, daß wir nicht alles frisch essen können, lassen wir uns dazu verlocken, unsere Vorräte durch ein paar Gläser hausgemachte Marmelade zu bereichern.
Natürlich sind unsere mit Honig gerührten Marmeladen nicht so lange haltbar wie Großmutters Konfitüren, die sie mit viel Zucker längere Zeit gekocht hatte. Vor allem die roh gerührten Marmeladen sollten möglichst frisch gegessen werden; dann bleiben auch die Vitamine und das Aroma am besten erhalten.
Länger halten sich Marmeladen, die mit einem Geliermittel aus Apfel- oder Zitruspektin ganz kurze Zeit - oft nur einige Sekunden - gekocht werden. Marmeladen aus getrockneten und tiefgefrorenen Früchten kann man auch im Winter jederzeit frisch zubereiten, so daß ein kleiner Vorrat durchaus genügt.
Die folgenden Marmeladen schmecken nicht nur aufs Brot, sie sind auch meist eine ideale Füllung für Torten und Plätzchen.

Grundrezept für roh gerührte Marmeladen

Bild Seite 72

Roh gerührte Marmeladen sind nicht so fest und weniger lange haltbar als die mit Zucker »eingekochten«. Wir bereiten deshalb immer nur kleine Mengen zu, die bald verbraucht werden können.

Zutaten für 2 Gläser von etwa 300 ml Inhalt:
500 g reife frische oder tiefgefrorene Früchte wie Erdbeeren, Himbeeren, Brombeeren (vorbereitet gewogen) · 125 g fester Honig, zum Beispiel Klee- oder Rapshonig

Zubereitungszeit: 30 Minuten
Haltbarkeit: im Kühlschrank etwa 14 Tage

Die vorbereiteten Beeren mit dem Schneidstab des Handmixers pürieren. Den Honig in Stückchen dazugeben. Dann mit der Küchenmaschine auf kleiner Stufe so lange rühren, bis eine homogene Masse entstanden ist. • Die Marmelade in kleine Schraubgläser füllen, fest verschließen und im Kühlschrank aufbewahren.

Variante: Rohmarmeladen kann man mit fein zerkleinerten Dörrfrüchten mischen; das macht die Masse fester.

Variante: Brombeer-Pflaumenmus
Brombeermarmelade und dickes Pflaumenmus zu gleichen Teilen mixen. Sehr gut als Brotaufstrich sowie zum Füllen von Kuchen und Plätzchen.

Rohe Preiselbeermarmelade

Preiselbeeren enthalten organische Säuren, die konservierend wirken. Ich habe immer einen kleinen Vorrat an gut verlesenen Preiselbeeren in Schraubgläsern im Kühlschrank stehen. Dort halten sie sich ohne jede Konservierung den ganzen Winter über.

Zutaten für 2–3 Gläser von etwa 370 ml Inhalt:
500 g reife, verlesene Preiselbeeren · 300–350 g fester Honig, zum Beispiel Klee- oder Rapshonig

Zubereitungszeit: 30 Minuten
Haltbarkeit: im Kühlschrank 4–5 Monate

Die Preiselbeeren mit dem Handmixer pürieren. Den Honig in Stückchen dazugeben. Dann mit der Küchenmaschine auf kleiner Stufe etwa 20 Minuten rühren, bis eine dickflüssige, homogene Masse entstanden ist. • Die Konfitüre in kleine Schraubgläser füllen und im Kühlschrank aufbewahren.

Kirsch-Johannisbeer-Gelee

Unigel ist ein Geliermittel aus der Schweiz, das bei uns erst in einigen Naturkostläden beziehungsweise Reformhäusern erhältlich ist (Bezugsquelle siehe Seite 104). Marmeladen und Gelees mit Unigel bewahren ihr volles Aroma. 30 g Unigel - ausreichend für 1 kg Früchte oder Fruchtsaft - enthalten 3 g Apfelpektin und 27 g Fruchtzucker. Der Fruchtzuckeranteil in der fertigen Marmelade ist also minimal.

Zutaten für 3–4 Gläser von etwa 370 ml Inhalt:
700 g Süßkirschsaft · 300 g schwarzer Johannisbeersaft · 1 Päckchen Unigel (30 g) · 250 g Honig oder mehr, nach Geschmack

Zubereitungszeit: 10 Minuten
Haltbarkeit: 6–8 Monate

Den Fruchtsaft mit dem Unigel und 200 g Honig in einem großen Topf gut verrühren, dann unter Umrühren aufkochen. Den restlichen Honig zufügen und 30 Sekunden kochen lassen. • Das heiße Gelee sofort randvoll in vorgewärmte Twist-off-Gläser füllen. Die Deckel fest zudrehen. Die Gläser sofort auf den Kopf stellen, damit die eingeschlossene Luft entweichen kann. • Nach 1 Minute die Gläser umdrehen und während der nächsten 12 Stunden nicht mehr bewegen (ganz wichtig!), bis der Geliervorgang abgeschlossen ist; dabei Durchzug vermeiden und die Gläser vor Licht schützen, um Vitaminzerstörung zu verhindern. (Wir stellen die Gläser zum Abkühlen in den Küchenschrank.)

Tip: Marmeladen und Gelees kühl und dunkel aufbewahren. Angebrochene Gläser im Kühlschrank aufheben.

Marmeladen mit Agar Agar

Marmeladen mit Agar Agar, dem Geliermittel aus Algen, gelingen am besten, wenn man nur kleine Mengen auf einmal zubereitet. Dann kommt man mit den kürzesten Garzeiten aus, und die für das Gelieren wichtigen Pektine werden geschont. Leider dämpft Agar Agar das Fruchtaroma etwas.

Zutaten für 2 Gläser von etwa 300 ml Inhalt:
500 g frische, vorbereitete oder tiefgefrorene Früchte · Saft von 1 Zitrone · 2 gestrichene Teel. Agar Agar · 150 g Blütenhonig

Zubereitungszeit: 20 Minuten
Haltbarkeit: im Kühlschrank etwa 2 Monate

Die Früchte in einem ausreichend großen Kochtopf leicht zerdrücken oder pürieren. ½ Tasse davon abnehmen und den Zitronensaft sowie das Agar Agar damit verrühren. Den Honig zur Fruchtmasse im Kochtopf geben und diese unter Umrühren 1 Minute sprudelnd kochen lassen. • Die Geliermischung unterrühren und einmal aufwallen lassen. Den Topf von der Kochstelle nehmen. • Die kochendheiße Marmelade randvoll in vorgewärmte kleine Gläser füllen. Die Deckel fest zudrehen. Die Gläser sofort auf den

Kopf stellen, damit die noch vorhandene Luft entweichen kann. • Nach 1 Minute die Gläser umdrehen und dann 2–3 Tage nicht mehr bewegen, bis der Geliervorgang beendet ist.

Allerfeinste Kirschmarmelade

Bild Seite 72

Zutaten für 2 Gläser von etwa 250 ml Inhalt:
200 g entsteinte, getrocknete Süßkirschen · 200 g Sauerkirschsaft oder Johannisbeersaft, frisch oder tiefgefroren · etwa 2 Eßl. Honig

Zubereitungszeit: 10 Minuten
Haltbarkeit: im Kühlschrank etwa 14 Tage

Die Kirschen in der Moulinette sehr fein zerkleinern. Den Saft mit der Fruchtmasse verrühren und nach Geschmack mit Honig süßen. • Die Marmelade in kleine Schraubgläser füllen und im Kühlschrank aufbewahren.

Variante: Auch mit Süßkirschsaft kann man die Marmelade zubereiten. Man aromatisiert dann mit etwas Zitronensaft und läßt den Honig weg.

Marmelade aus getrockneten und frischen Früchten

Zutaten für 2 Gläser von etwa 250 ml Inhalt:
200 g gemischte Dörrfrüchte (Zwetschgen, Kirschen, Aprikosen ohne Stein, Birnen, eventuell Äpfel und Rosinen) · 300–350 g schwarze Johannisbeeren, Himbeeren oder Brombeeren, frisch oder tiefgefroren (vorbereitet gewogen) · abgeriebene Schale von 1 Zitrone (Schale unbehandelt) · Honig

Zubereitungszeit: 15 Minuten
Haltbarkeit: im Kühlschrank etwa 14 Tage

Das Dörrobst nur dann kurz einweichen, wenn es sehr trocken ist; anschließend im Mixer pürieren. • Tiefgefrorene Früchte etwas antauen lassen. Zum Dörrfruchtpüree nach und nach so viel frisches oder angetautes Obst geben und untermixen, daß eine nicht zu feste, streichfähige Masse entsteht. (Sie dickt im Kühlschrank noch nach). • Die Marmelade mit Zitronenschale aromatisieren und nach Geschmack mit Honig süßen. Dann in kleine Schraubgläser füllen und gut verschlossen im Kühlschrank aufbewahren.

Variante: Das frische oder tiefgefrorene Obst kann man durch Johannisbeer- oder Kirschsaft ersetzen.

Variante: Delikater Brotaufstrich
Fruchtmarmelade und cremig gerührten Doppelrahm-Frischkäse mischen. Nach Geschmack mit Honig süßen, mit abgeriebener Zitronenschale und Zimt würzen. Schmeckt gut auf Knäckebrot und Vollkornzwieback.

Apfel-Orangen-Marmelade

Zutaten für 1 Glas von etwa 250 ml Inhalt:
50 g getrocknete Äpfel · 50 g getrocknete, saftige Feigen · 1 große Orange (Schale unbehandelt)

Zubereitungszeit: 15 Minuten
Haltbarkeit: im Kühlschrank 8–10 Tage

Die Äpfel und die Feigen in zwei Portionen in der Moulinette zerkleinern. • Die Orange heiß abwaschen und die Schale dünn abreiben. Anschließend die Frucht sorgfältig schälen (auch das

Weiße entfernen) und in Stücke zerteilen. Die Apfel-Feigen-Masse mit den Orangenstücken und der Orangenschale in der Moulinette kurz durchmixen. • Die Marmelade in heiß ausgespülte Gläser füllen und im Kühlschrank aufbewahren.

Variante: Apfel-Feigen-Mus
Je 100 g getrocknete Äpfel und getrocknete, saftige Feigen wie oben fein zerkleinern. 2 Teelöffel Zitronensaft und die abgeriebene Schale von ½ Zitrone (Schale unbehandelt) dazugeben. Die Masse mit 6–8 Eßlöffeln Wasser, Apfelsaft oder Apfelschalentee (Rezept Seite 70) streichfähig machen.

Aprikosen-Sanddorn-Marmelade

Zutaten für 1 Glas von etwa 370 ml Inhalt: 150 g getrocknete Aprikosen ohne Stein · 150 g ungesüßter Sanddornsaft · etwa 2 Teel. Honig · abgeriebene Orangenschale (Schale unbehandelt) oder geriebene frische oder getrocknete Ingwerwurzel

Zubereitungszeit: 10 Minuten
Quellzeit für die Aprikosen: etwa 20 Minuten
Haltbarkeit: im Kühlschrank etwa 14 Tage

Die Aprikosen in Wasser quellen lassen; anschließend in der Moulinette pürieren. Den Sanddornsaft und, falls notwendig, noch etwas vom Einweichwasser unterrühren, damit die Marmelade streichfähig wird. • Das Fruchtmus mit dem Honig und den Würzzutaten abschmekken. Dann in ein Schraubglas füllen, gut verschließen und im Kühlschrank aufbewahren.

Zwetschgen-Johannisbeer-Marmelade

Zutaten für 2 Gläser von etwa 250 ml Inhalt: 150 g getrocknete, saftige Zwetschgen ohne Stein · je 150 g rote und schwarze Johannisbeeren, frisch oder tiefgefroren (vorbereitet gewogen) · etwa 1½ Eßl. Honig · 2–3 Eßl. Wasser

Zubereitungszeit: 15 Minuten
Haltbarkeit: im Kühlschrank etwa 14 Tage

Die Zwetschgen in der Moulinette sehr fein zerkleinern. Die Johannisbeeren mit dem Handmixer pürieren (tiefgefrorene Beeren vorher antauen lassen). Das Zwetschgenmus mit dem Beerenpüree verrühren. Nach Geschmack mit Honig süßen und so viel Wasser unterrühren, daß eine streichfähige Masse entsteht. • Die Marmelade in kleine Schraubgläser füllen und gut verschlossen im Kühlschrank aufbewahren.

Variante: Kirsch-Johannisbeer-Marmelade
Wird wie oben zu gleichen Teilen aus entkernten, getrockneten Süßkirschen und frischen oder tiefgefrorenen schwarzen Johannisbeeren zubereitet.

Zwetschgenmus aus halbgetrockneten Früchten

Auch aus Birnen, Kirschen oder Aprikosen können Sie auf die gleiche Weise Fruchtmus herstellen. Es schmeckt ausgezeichnet, und die Inhaltsstoffe bleiben bei dieser Methode am besten erhalten. Der Dörrprozeß wird abgebrochen, wenn die Früchte vorgetrocknet sind und weiterverarbeitet werden können.

Reife Zwetschgen · eventuell etwas Honig · Zimtpulver, gemahlene Nelken, frisch geriebene Muskatnuß oder gemahlener Ingwer

Zubereitungszeit: etwa 1 Stunde
Trockenzeit: 6–10 Stunden
Haltbarkeit: im Kühlschrank 3–4 Wochen

Die Zwetschgen entsteinen, zusammenklappen und auf dem Dörrapparat 6–10 Stunden trocknen. Die Früchte sollen eine elastische, aber noch nicht zu harte und ledrige Haut haben und innen etwas angetrocknet sein. Die Trockenzeit ist von Fall zu Fall verschieden, doch mit etwas Übung erkennt man bald, wann der richtige Augenblick zur Weiterverarbeitung gekommen ist. • Anschließend das Obst im Mixer, in der Moulinette oder mit dem Schneidstab des Handmixers pürieren. Falls nötig, das dicke Mus mit etwas Honig süßen. Nach Geschmack kann man mit ein wenig Zimt, gemahlenen Nelken oder 1 Prise Muskat, eventuell auch mit Ingwer würzen, falls man nicht das natürliche Aroma der Früchte vorzieht. • Das Zwetschgenmus in Schraubgläser füllen und gut verschlossen im Kühlschrank aufbewahren.

Tip: Sollte das Mus zu dünn geraten sein, kann es mit geriebenen Nüssen oder stärker getrockneten, zerkleinerten Früchten angedickt werden.

Rohes Zwetschgenmus

Zutaten für 2 Gläser von etwa 250 ml Inhalt: 250 g entsteinte, saftige Dörrzwetschgen · 250 g Wasser · eventuell etwas Honig · 1 Prise Zimtpulver

Zubereitungszeit: 10 Minuten
Haltbarkeit: im Kühlschrank etwa 14 Tage

Die Zwetschgen in der Moulinette sehr fein zerkleinern. Dann so viel Wasser unterrühren, daß eine dickflüssige Marmelade entsteht; sie dickt im Kühlschrank noch nach. Falls erforderlich, mit etwas Honig süßen und nach Geschmack mit Zimt würzen. • Das Mus in kleine Schraubgläser füllen und im Kühlschrank aufbewahren.

Variante: Zwetschgenmus mit Walnüssen
Besonders gut schmeckt das Zwetschgenmus, wenn man noch 50 g mittelgrob gehackte Walnußkerne aus neuer Ernte unterrührt.

Tip: Sind die Zwetschgen (oder andere Früchte) sehr stark getrocknet, ist es zweckmäßiger, sie vor dem Zerkleinern mit Wasser bedeckt quellen zu lassen. Anschließend das Wasser abgießen, das Dörrobst zu Mus zerkleinern und vom Einweichwasser nach Bedarf darunterrühren.

Birnenmus

Bild Seite 72

Zutaten für 2 Gläser von etwa 250 ml Inhalt: 200 g getrocknete Birnen · 3 Eßl. Birnendicksaft · 200 g Wasser

Zubereitungszeit: 10 Minuten
Haltbarkeit: im Kühlschrank etwa 14 Tage

Die Birnen in der Moulinette pürieren (sehr trockene Birnen vorher kurz einweichen). Den Birnendicksaft zugeben und so viel Wasser unterrühren, daß eine streichfähige Marmelade entsteht. • Das Birnenmus in kleinen Gläsern gut verschlossen im Kühlschrank aufbewahren.

Varianten: Sehr fruchtig schmeckt das Birnenmus, wenn man statt Wasser eine frische pürierte Birne unterrührt. • Den Birnendicksaft weglassen, dafür mit abgeriebener Zitronenschale und wenig Zitronensaft oder mit frischem, geriebenem Ingwer oder Zimt würzen.

Variante: Birnenmarzipan
Für diesen köstlichen Brotaufstrich mischt man Birnenmus mit der gleichen Menge Honigmarzipan (Rezept Seite 52).

Zum Schluß noch ein Rezept, das zwar eigentlich nichts mit Marmelade zu tun hat, doch die Rumtopffrüchte schmecken so gut, daß wir es Ihnen nicht vorenthalten möchten.

Unser Rumtopf mit Honig

Zu den ganz besonders köstlichen Vorräten gehört der Rumtopf, den wir schon seit Jahren mit Honig ansetzen. Da zuviel Alkohol in der Vollwertküche nicht unbedingt empfehlenswert ist, füllen wir nur einen kleinen Topf von 2 Liter Inhalt mit Früchten aus unserem Garten. Es ist erstaunlich, wieviel hineinpaßt. Erst im Dezember oder Januar, wenn der Inhalt schon merklich reduziert, aber noch genügend Rumtopfflüssigkeit vorhanden ist, füllen wir frische Ananas und Clementinen nach.
Für das gute Gelingen ist dreierlei notwendig: makellose, reife, aromatische Früchte, erstklassiger 54%iger Rum und peinliche Sauberkeit. Hier nun unser Originalrezept.

Zutaten für 1 Rumtopf von 2 l Inhalt:
500 g kleine, reife Erdbeeren · 250 g Himbeeren · 250 g Süßkirschen ohne Stein · 500 g Sauerkirschen mit Stein · 250 g Williams-Christ-Birnen, geschält, entkernt, in Stücke geschnitten · 250 g Zwetschgen, halbiert und entsteint · 1 Flasche Rum (54 Vol.-%) · 400 g milder Blütenhonig · eventuell 3–4 Eßl. reiner Alkohol (96 Vol.-%; aus der Apotheke oder Drogerie)

Ruhezeit: bis zum 1. Advent

Die Früchte vorbereiten. ½ Flasche Rum mit 250 g Honig im Rumtopf verrühren, bis der Honig aufgelöst ist. Die vorbereiteten Früchte nach und nach einlegen (insgesamt etwa 1 kg). Anschließend den übrigen Honig in dem restlichen Rum auflösen und zugießen. • Weitere Früchte einlegen, bis der Rumtopf gefüllt ist. Die Früchte müssen nicht mit einem Teller beschwert werden. Es genügt, wenn man sie beim Einfüllen vorsichtig mit einem Löffel unter die Oberfläche drückt; sie saugen sich sehr schnell mit Rumtopfflüssigkeit voll. • Bevor wir im Sommer für längere Zeit in Urlaub fahren, geben wir noch einige Eßlöffel reinen Alkohol zu, um eine unvorhergesehene Gärung auszuschließen. • Den Rumtopf immer gut verschließen und an einem kühlen, dunklen Platz bis zum »Anstich« am 1. Advent aufbewahren. Den Rumtopf-Inhalt stets nur mit einem sauberen Löffel entnehmen.

Varianten: In den Rumtopf passen außerdem: Aprikosen und Pfirsiche – kurz in kochendes Wasser legen, häuten, vierteln und entsteinen –, Reineclauden, halbieren und entsteinen –, Mirabellen, mit Holzstäbchen anstechen –, Ananas, schälen und in Stücke schneiden –, Clementinen, schälen und zerteilen.

Das Einfrieren im Haushalt

Das Einfrieren - oder besser gesagt Tiefkühlen - ist eine weitere Möglichkeit, um Obst und Gemüse für längere Zeit haltbar zu machen. Die Lagerung bei −18° und darunter verhindert, daß sich Bakterien, Schimmelpilze, Fäulnis- und Gärungserreger vermehren und dadurch die Lebensmittel verderben. Auch die Aktivität der Enzyme, die zu unerwünschten Stoffwechselreaktionen führen kann, ist bei tiefen Lagertemperaturen deutlich verlangsamt, wenn auch nicht ganz ausgeschaltet.

Ernährungsphysiologisch gesehen bietet das Tiefkühlen mehrere Vorteile. Durch den Kälteschock werden Zellulose- und Eiweißverbindungen besser aufgeschlossen. Schwer verdauliche Speisen wie Kohlgemüse, Pilze oder Hülsenfrüchte verlieren deshalb weitgehend ihre blähende Wirkung und werden auch für Menschen mit empfindlichem Magen bekömmlicher. Das im Gemüse gebundene Eisen, das bei der üblichen Zubereitung nur zu einem geringen Teil vom Körper aufgenommen werden kann, wird durch das Tiefkühlen besser verwertbar: Bei frischen grünen Bohnen werden nur etwa 36% (bei Spinat etwa 24%), bei tiefgefrorenen Bohnen dagegen 61% (bei Spinat 63%) des vorhandenen Eisens ausgenutzt.

Allerdings sind auch bei sachgemäßem Einfrieren Verluste an Vitaminen und Mineralstoffen nicht zu vermeiden. Sie entstehen hauptsächlich bei der Vorbereitung. Durch das Waschen und das anschließende Blanchieren gehen Vitamin C, einige Vitamine der B-Gruppe und wasserlösliche Mineralstoffe verloren. Da die Enzymaktivität während des »Kälteschlafs« - wenn auch langsamer - weitergeht, sollte man das Gefriergut nicht zu lange lagern, um eine weitere Wertminderung zu vermeiden.

Richtig einfrieren

Obst und Gemüse bestehen bis zu 90% aus Wasser. Bei langsamem Einfrieren erstarrt das Wasser im Pflanzengewebe und zwischen den Zellen zu großen Eiskristallen. Sie zerstören die Zellwände, so daß später beim Auftauen das Wasser austritt: Die Lebensmittel verlieren an Konsistenz und Geschmack, werden weich und schlaff; sie sind erfroren. Um die Qualität von Obst und Gemüse soweit wie möglich zu erhalten, ist *schnelles, schockartiges* Einfrieren bei sehr tiefen Temperaturen notwendig. In diesem Fall bilden sich nur winzige Eiskristalle: Die Lebensmittel behalten weitgehend ihre ursprünglichen Eigenschaften, vor allem Farbe, Aroma, Geschmack und Struktur.

Neun Regeln für richtiges Einfrieren

1. Beim Einfrieren größerer Mengen das Gefriergerät 3–5 Stunden, bevor man das Gefriergut hineinlegt, auf die höchste Kältestufe oder auf »Super« schalten, damit die nötige Gefriergeschwindigkeit erreicht wird. Kleine Mengen können auch bei normaler Einstellung eingefroren werden.
2. Niemals zuviel auf einmal einfrieren. Ein Blick in die Bedienungsanleitung Ihres Gerätes sagt Ihnen, welche Mengen innerhalb von 24 Stunden eingefroren werden können.
3. Alle Lebensmittel sehr sorgfältig mit gefriergeeignetem Material verpacken. Luft in der Verpackung schadet beim Einfrieren: sie wirkt als Isolierschicht und verlangsamt den Gefrierprozeß. Der Luftsauerstoff zerstört Vitamin C im Gefriergut. Deshalb die Luft aus Beuteln oder Schläuchen herausstreichen oder -saugen und die Öffnungen fest verschließen. Folien fest an das Gefriergut andrücken. Die Ränder gut umknicken.
4. Möglichst kleine, flache Pakete formen, die rasch durchfrieren.

5. Platzsparend einfrieren: Gefrierdosen jeweils mit einem Gefrierbeutel auslegen und das vorbereitete Obst oder Gemüse hineinfüllen. Den Beutel fest verschließen und durchfrieren lassen. Anschließend die gefrorenen Päckchen aus den Dosen herausnehmen. Sie lassen sich jetzt gut aufeinanderstapeln.
6. Die Behälter nur bis etwa 2 cm unter den Rand füllen, weil sich das Gefriergut beim Einfrieren noch ausdehnt.
7. Das Gefriergut immer an die kälteste Stelle des Gefriergerätes legen und nicht mit bereits Gefrorenem in Berührung bringen. Die einzelnen Päckchen, die eingefroren werden sollen, dürfen sich auch nicht berühren, damit die Kälte von allen Seiten eindringen kann.
8. Die Kälte dringt in 1 Stunde etwa 0,5 cm in das Gefriergut ein. Deshalb das Gerät nicht zu früh auf normale Betriebstemperatur zurückschalten!
9. Frische Lebensmittel und Fertiggerichte vor dem Einfrieren einige Zeit im Kühlschrank vorkühlen. Ausnahme: Hefegebäck lauwarm einfrieren, weil dann das typische »backfrische« Aroma am besten erhalten bleibt.

Das Verpacken des Gefriergutes

Obst, Gemüse und Kräuter überstehen die monatelange Lagerung bei tiefen Temperaturen nur dann ohne Schaden, wenn sie richtig verpackt worden sind. Zum Einfrieren geeignetes Verpackungsmaterial schützt die Lebensmittel vor dem Austrocknen, vor Geschmacks- und Aromaverlusten und vor Farbveränderungen. Es verhindert den Zutritt von Luft beziehungsweise Sauerstoff und die Übertragung von Gerüchen. Das Material darf weder Wasser noch Fett aufnehmen oder abgeben und soll beständig gegen Säuren sein. Darüber hinaus soll es sich den Lebensmitteln gut anschmiegen und leicht verschließen lassen. Auch bei tiefen Temperaturen darf es nicht reißen oder brechen. Um die Haushaltskasse zu schonen, empfiehlt es sich, Verpackungsmaterial zu wählen, das wieder verwendbar ist und sich leicht reinigen läßt. Achten Sie also beim Einkauf darauf, daß die angebotenen Folien, Beutel und Behälter speziell für Tiefkühlkost geeignet sind.
Beim Verpackungsmaterial können Sie unter folgenden Möglichkeiten wählen:

- Gefrierbeutel und Gefrierschläuche aus Polyäthylen eignen sich gut für Obst und Gemüse, weniger dagegen für sehr fetthaltige Lebensmittel und Fertiggerichte. Gefrierschläuche sind besonders sparsam im Gebrauch, weil man je nach Bedarf beliebig lange Stücke abschneiden kann.
- Gefrier-Kochbeutel vertragen Temperaturen von – 60 °C bis + 110 °C. Fertiggerichte können noch heiß eingefüllt werden. Zum Auftauen und Erhitzen wird der geschlossene Beutel einfach in heißes Wasser gelegt.
- Bratfolie (zum Braten im Backofen) ist ebenfalls gefrierfest. Nicht nur Fleisch, sondern auch Gebäck läßt sich darin verpacken.
- Gefrierdosen aus Edelstahl und Aluminium können mehrmals verwendet werden. Man kann sie auch als Backformen und im Grillgerät benutzen, jedoch nicht im Mikrowellenherd. Aluminiumformen eignen sich nicht zum Einfrieren oder Aufbewahren von säurehaltigen Lebensmitteln wie zum Beispiel Obst.
- Kunststoffbehälter für Tiefkühlkost sind in verschiedenen Größen und Formen erhältlich. Sehr praktisch sind Spezial-Backformen aus Kunststoff (kältefest bis – 40° und hitzebeständig bis + 200°) mit Spezial-Einfrierdeckel. Sie können zum Einfrieren von Teig verwendet werden, den man darin später gleich backen kann.
- Alufolie: Nehmen Sie zum Einfrieren nur extrastarke Folie. Die dünne Haushaltsfolie reißt sehr leicht und bietet auf die Dauer nicht genü-

gend Schutz. Alufolie ist einfach im Gebrauch, sie schmiegt sich auch unregelmäßigen Formen gut an und läßt sich leicht verschließen. Für säurehaltige Lebensmittel kann sie nicht verwendet werden.
Da die Herstellung von Aluminium einen großen Aufwand an Energie und Rohstoffen erfordert, sollte man aus ökologischen Gründen mit diesem Material sparsam umgehen.

- Verpackungsmaterial aus der Küche: Auch Joghurt-, Sahne- und Quarkbecher, Butter- und Margarinedosen eignen sich zum Einfrieren. Da sie aber durch Stoß oder Kälteeinwirkung feine Risse bekommen können, sollten sie nur einmal verwendet werden. Behälter ohne Deckel müssen sorgfältig mit extrastarker Alufolie und Gummiring oder frostbeständigem Klebeband verschlossen werden. Gläser mit Schraubverschluß sind zum Einfrieren gut zu gebrauchen. Damit sie durch den Kälteschock nicht zerspringen, müssen sie im Kühlschrank vorgekühlt werden, ehe sie ins Gefriergerät kommen.

Praktisch zum Verschließen sind: Gummiringe, Draht- und Plastikclips, frostbeständige Klebebänder und Folienschweißgeräte, die vor dem Verschweißen die Luft aus den Gefrierbeuteln absaugen.

Ordnung muß sein

Um langes Suchen zu vermeiden, müssen alle Lebensmittel genau gekennzeichnet werden, ehe sie ins Gefriergerät wandern. Notieren Sie auf kältefesten, selbstklebenden Etiketten oder auf der Packung selbst den Inhalt und das Einfrierdatum. Noch schneller können Sie sich orientieren, wenn Sie die Packungen zusätzlich mit farbigen Klebebändern, zum Beispiel grün für Gemüse und rot für Obst, markieren.
Damit Sie immer den Überblick behalten, ist eine genaue »Buchführung« unerläßlich. Dazu genügt eine einfache Liste mit Einfrierdatum, Anzahl, Inhalt der Packungen und Verfalldatum. Was entnommen wird, streicht man einfach durch. Noch übersichtlicher ist eine Lagerkartei wie etwa die Infothek von AEG. Neuere Gefriergeräte haben an der Tür auch oft »Vorratsanzeiger« in Form von Magnet-Talern oder eine Kunststoffblende, die eine schnelle Orientierung ermöglichen.

Richtig auftauen und zubereiten

Für das Auftauen von Obst und Gemüse gilt das gleiche wie fürs Einfrieren: Bei schnellem schockartigem Auftauen bleiben Vitamine, Konsistenz und Geschmack am besten erhalten.

Obst
für Kuchenbelag: Gefrorene Früchte auf den Teig legen und im vorgeheizten Backofen bakken.
für Tortenböden: Obst antauen lassen, Boden damit belegen, mit Tortenguß oder Schlagsahne überziehen.
für Mixgetränke: Obst in der Flüssigkeit auftauen lassen, dann durchmixen.
für Bowlen: Früchte im Bowlengefäß mit Apfel- oder Traubensaft übergießen und auftauen lassen.
für Müsli, Quarkspeisen und Desserts: Behälter mit tiefgefrorenem Obst in lauwarmes Wasser stellen, ab und zu umrühren, bis alles aufgelöst ist. Gläser zuerst in kaltes Wasser stellen, um ein Zerspringen zu vermeiden. Dann die Wassertemperatur langsam erhöhen.

Gemüse
für Salate: Gemüse in eine Schüssel geben und diese in handwarmes Wasser stellen. Das Gemü-

se mit Salatsauce übergießen, ab und zu vorsichtig durchmischen, damit es gleichmäßig auftaut. Anschließend sofort servieren.
für Gemüsegerichte: Gemüse in 2–3 Eßlöffeln kochender Gemüsebrühe garen. Gefrorene Blöcke zerteilen, sobald sie angetaut sind, damit die Randschichten nicht übermäßig erhitzt werden. Oder den Topf mit dem gefrorenen Gemüse in heißes Wasser stellen, gelegentlich umrühren, bis sich die Blöcke zerteilen lassen.
für Suppen: Zerkleinertes Gemüse gefroren in die kochende Brühe geben und einige Minuten garen.

Wichtig: Da tiefgefrorenes Gemüse durch das Einfrieren bereits aufgeschlossen ist (siehe Seite 85) sind die Garzeiten um ein Drittel kürzer als bei frischem Gemüse.

So wird Obst eingefroren

Wenn die Obsternte im Sommer so groß ist, daß nicht alles frisch gegessen werden kann, dann lohnt es sich, einiges davon für den Winter einzufrieren. Das Einfrieren von Obst ist einfach und gelingt Ihnen sicher, wenn Sie sich an die folgenden Grundregeln halten:

- Frieren Sie nur Obstsorten ein, die Sie nicht auf andere Weise (zum Beispiel durch Frischlagerung oder Trocknen) besser haltbar machen können.
Ganze Äpfel und Birnen sowie helle Weintrauben und helle Kirschen eignen sich nicht zum Einfrieren, weil sie sich verfärben.
- Nehmen Sie zum Einfrieren nur Obst von bester Qualität. Die Früchte sollen vollreif und aromatisch, aber nicht überreif sein.
- Nicht alles, was an Obst und Beeren eingefroren wurde, kommt nach dem Auftauen wie frisch geerntet auf den Tisch. Manche Obstarten büßen durch den »Kälteschlaf« etwas von ihrem fruchtigen Aroma ein oder verlieren beim Auftauen an Aussehen und Konsistenz. Probieren Sie am besten selbst aus, was Ihnen schmeckt und Ihren Erwartungen entspricht.
- Berücksichtigen Sie bei der Neupflanzung von Erdbeeren und Himbeeren die neueren Sorten, die speziell fürs Einfrieren geeignet sind.
- Wenn Sie Obst und Beeren im eigenen Garten ernten, können Sie den günstigsten Erntezeitpunkt selbst bestimmen. Früchte, die während einer längeren Schönwetterperiode reif wurden, schmecken süßer und aromatischer.
- Obst bewahrt sein Aroma am besten, wenn es unmittelbar nach der Ernte eingefroren wird. Kaufen oder ernten Sie also nur so viel, wie Sie noch am selben Tag verarbeiten können.
- Vor dem Einfrieren werden die Früchte unter fließendem Wasser behutsam gewaschen. Man läßt sie gut abtropfen und füllt sie anschließend in passende Dosen oder Gefrierbeutel. Empfindliche Früchte wie Erdbeeren oder Himbeeren friert man am besten ohne vorheriges Waschen ein, sofern sie sauber sind.
- Beeren und Obststücke für Kuchenbelag und zum Garnieren werden einzeln nebeneinander auf einer Platte 1–3 Stunden vorgefrostet und dann verpackt. Sie trennen sich dann später beim Auftauen leichter.
- Obst, das später ohnehin zerkleinert wird, zum Beispiel für Mixgetränke, Fruchtsaucen oder Cremes, wird vor dem Einfrieren mit dem Schneidstab des Handmixers kurz püriert, dann in Becher oder andere Behälter gefüllt. So braucht es im Gefriergerät nur wenig Platz.
- Ein saftiger Obstkuchen schmeckt auch während der kalten Jahreszeit. Äpfel und Birnen, Pflaumen und Kirschen bewahren ihr Aroma besser, wenn man sie frisch zum Kuchen verbäckt und diesen, in passende Stücke geschnitten, einfriert.

Das Einfrieren von Obst auf einen Blick

+ = gut geeignet, + + = sehr gut geeignet

Obstsorte	Gefrier-eignung	Lagerzeit Monate	Vorbereitung	Verwendung, praktische Tips
Äpfel	+	8–12	Schälen, entkernen, in Scheiben oder Schnitze teilen oder grob-raspeln.	Für Kompott, Süßspeisen, Aufläufe, Kuchenbelag (am besten gedeckter Apfelkuchen).
Apfelmus	+ +	8–10	Wie gewohnt zubereiten.	Nach dem Auftauen mit Honig süßen.
Aprikosen	+	6–8	Halbieren, entsteinen.	Wie frische Früchte verwenden. Für Kuchenbelag gefroren auf den Teig legen und backen.
Birnen	+	6–8	Feste, saftige, keine überreifen Früchte verwenden. Evtl. schälen, entkernen, in Schnitze oder Stücke schneiden.	Wie frische Früchte verwenden. Für Müsli, Süßspeisen.
Brombeeren	+ +	10–12	Vorsichtig waschen, abtropfen lassen.	Wie frische Früchte verwenden. Für Müsli, Süßspeisen, Kuchenbelag.
Erdbeeren	+	8–10	Nur vollreife, feste, rotfleischige, kleine bis mittelgroße Beeren. Ganz einfrieren oder mit Handmixer pürieren.	Wie frische Früchte verwenden. Für Kuchenbelag gefroren auf den Kuchen legen.
Heidelbeeren	+ +	10	Verlesen, waschen, abtropfen lassen.	Wie frische Früchte verwenden.
Himbeeren	+ +	8–10	Verlesen, möglichst nicht waschen.	Wie frische Früchte verwenden. Für Kuchenbelag gefroren verwenden.
Johannisbeeren	+ +	10	Waschen, entstielen.	Wie frische Früchte verwenden. Für Kuchenbelag gefroren verwenden.
Kirschen (sauer)	+ +	10	Waschen, entkernen oder mit Stein einfrieren, evtl. vorfrosten.	Antauen lassen, entkernen. Wie frische Früchte oder für Kuchenbelag verwenden.
Kirschen (süß)	+	8	Nur dunkle, keine hellen Sorten. Wie Sauerkirschen.	Wie Sauerkirschen. Fertigen Kirschkuchen einfrieren.
Mirabellen	+	8–10	Feste, vollreife Früchte mit Stein einfrieren.	Wie frische Früchte oder als Kuchenbelag verwenden.
Obstsäfte	+ +	8–10	Kleine Portionen einfrieren.	Wie frische Säfte verwenden.
Pfirsiche	+	6–8	Vollreife, aber feste Früchte. Halbieren, entsteinen.	Wie frische Früchte verwenden.
Rhabarber	+ +	8	Zarte Stangen (rotstielige Sorten sind säureärmer). In Stücke schneiden oder als Kompott einfrieren.	Für Kompott antauen lassen, in wenig Obstsaft dünsten. Für Aufläufe und Kuchenbelag gefroren verwenden.
Stachelbeeren	+ +	8–10	Feste, grüne Sorten. Waschen, Stiele und Blüten entfernen.	Für Kompott und Süßspeisen, Aufläufe und Kuchenbelag verwenden.
Zwetschgen	+	6–8	Entsteinen, evtl. vorfrosten.	Wie frische Früchte verwenden. Für Kuchenbelag gefroren verwenden (besser fertigen Kuchen einfrieren).

So wird Gemüse eingefroren

Im Sommer und Herbst ist die Gemüseernte aus dem Bio-Garten oft so reichlich, daß nicht alles frisch verwertet werden kann. Auch das Angebot an biologisch gezogenem Gemüse beim Händler oder auf dem Markt ist größer und preisgünstiger. Das Einfrieren ist dann eine von mehreren Möglichkeiten, um Gemüse für längere Zeit haltbar zu machen.
Doch gibt es Gemüsearten, die das Tiefkühlen nicht vertragen. Dazu gehören alle grünen Salate, Kresse, Radieschen, Rettiche, ganze Tomaten und Kartoffeln. Sehr gute Gefriereigenschaften haben dagegen stärkehaltige Gemüse wie Erbsen, Bohnenkerne (zum Beispiel Puffbohnen/Dicke Bohnen) und Zuckermais. Sie schmecken nach dem Auftauen fast wie frisch geerntet. Gemüsearten mit höherem Wassergehalt verlieren beim Einfrieren etwas an Aroma und Konsistenz. Doch gibt es auch hier neue gefriergeeignete Sorten, die Sie ausprobieren sollten.
Gemüse einzufrieren ist ganz einfach, wenn Sie sich an die folgenden Grundregeln halten:

- Nur bei erstklassigem, frischem Gemüse lohnt sich das Einfrieren.
- Verarbeiten Sie Gemüse möglichst sofort nach der Ernte oder nach dem Einkauf; nur dann bleiben die Vitamine, Mineralstoffe und Spurenelemente weitgehend erhalten. So hat beispielsweise Spinat nach 15 Stunden Lagerzeit bei 5° (also bei Kühlschranktemperatur) bereits 76% an Vitamin C, 22% an Vitamin B_1 und 25% an Vitamin B_2 verloren, auch wenn er äußerlich noch frisch erscheint.
- Vor dem Einfrieren wird das Gemüse sorgfältig geputzt, anschließend gewaschen und eventuell zerteilt. Zerkleinertes Gemüse muß sofort weiterverarbeitet werden, denn es wird besonders schnell vom Sauerstoff angegriffen und verliert wertvolle Inhaltsstoffe.

Tip: Frieren Sie mit dem Gemüse zusammen die passenden Kräuter ein; dann haben Sie die richtige Würze gleich zur Hand.

Blanchieren, ja oder nein?

Alle pflanzlichen Zellen enthalten zahlreiche Enzyme (Eiweißstoffe), die den Stoffwechsel in der Zelle steuern. Auch beim bereits geernteten Gemüse sind die Enzyme noch aktiv, die Stoffwechselreaktionen gehen also weiter: das Gemüse verliert bei der Lagerung an Farbe, Aroma und Geschmack, Vitamine werden abgebaut. Selbst bei sehr tiefen Temperaturen sind die Enzymreaktionen nicht gänzlich zu stoppen, sie werden

In einem Sieb (Blanchiersieb), das gut in den Wassertopf paßt, hängt man das Gemüse ins kochende Wasser. Die Blanchierzeit (Tabelle) wird vom Wiederaufkochen des Wassers an gerechnet.

nur verlangsamt. Hingegen werden die Enzyme bei Erhitzung auf 50–55° zum größten Teil zerstört. Deshalb empfiehlt die Ernährungswissenschaft, das Gemüse vor dem Einfrieren kurz in kochendem Wasser zu blanchieren. Dabei entstehen allerdings Verluste an wasserlöslichen Vitaminen (vor allem Vitamin C, außerdem B_1 und B_2), Mineralstoffen und Spurenelementen, die zwischen 10 und 35% betragen können.

Das Einfrieren von Gemüse auf einen Blick

+ = gut geeignet, + + = sehr gut geeignet

Gemüsesorte	Gefrier-eignung	Lagerzeit Monate	Blanchierzeit Minuten	Vorbereitung	Verwendung, praktische Tips
Blumenkohl	+	8	2	Putzen, in Röschen teilen.	Gefroren 10–12 Minuten dünsten.
Bohnen grüne, gelbe	+	10	3	Spitzen und Stielansatz abschneiden, evtl. Fäden abziehen. Mit Bohnenkraut einfrieren.	Gefroren etwa 15 Minuten garen.
Broccoli (Spargelkohl)	+ +	10	3	Auf feste grüne Köpfe und dünne Stiele achten. Zerteilen.	Gefroren etwa 10 Minuten garen.
Dicke Bohnen	+ +	10	3	Enthülsen. Mit Bohnenkraut einfrieren.	Gefroren etwa 10 Minuten garen.
Erbsen	+ +	10	2	Enthülsen.	Gefroren etwa 5 Minuten garen.
Grünkohl	+ +	8–10	2	Blanchieren, grobhacken.	Antauen. Etwa 15 Minuten garen.
Gurken	+	4–6	–	In Scheiben oder Stücke schneiden.	Für Salate in Marinade auftauen, für Gemüse 10 Minuten garen.
Kohlrabi	+ +	6–8	3	Junge Knollen schälen, in Stifte schneiden. Zarte Blätter mit einfrieren.	Gefroren 10–15 Minuten dünsten.
Lauch/Porree	+ +	6–8	–	Putzen, längs halbieren, gründlich waschen, in Streifen schneiden.	Gefroren 10 Minuten garen.
Mangold	+ +	5–6	2	Blanchieren, grob zerschneiden.	Antauen lassen, in wenig Gemüsebrühe 10 Minuten garen.
Möhren	+ +	8–10	3	In Scheiben oder Stifte schneiden.	Gefroren etwa 10 Minuten garen.
Spargel	+	6	–	Waschen, schälen, holzige Enden abschneiden. Schalen separat einfrieren.	Gefrorenen Spargel 10–15 Minuten in Brühe aus Spargelschalen kochen.
Spinat	+ +	5	2	Grobhacken oder ganze Blätter einfrieren	Antauen, mit gehackten Zwiebeln in Butter garen.
Suppengrün	+ +	6	2	Sellerie, Möhren, Lauch, Petersilienwurzeln. Putzen, waschen, zerkleinern.	In kochender Brühe garen.
Tomaten	+	6–8	–	Pürieren, in kleinen Portionen einfrieren.	Für Suppen und Saucen heiß werden lassen; nicht mitkochen.
Zucchini	+	6	–	Wie Gurken.	
Zuckermais	+ +	8	6	Blätter und Samenfäden entfernen.	Gefroren etwa 10 Minuten garen.

Es fragt sich also, ob auf das Blanchieren nicht verzichtet werden kann, wenn das Gemüse nur für kurze Zeit eingefroren wird. Außerdem lohnt sich der Aufwand an Arbeit, Zeit und Energie für das Blanchieren kaum, wenn nur kleine Portionen eingefroren werden.
So wird blanchiert:
In einem großen Kochtopf 5 l Wasser zum Kochen bringen. Das Spülbecken oder eine große Schüssel mit Eiswürfeln und Wasser füllen. Jeweils 500 g vorbereitetes Gemüse in einem Drahtkorb oder einem Henkelsieb in das kochende Wasser tauchen und hin- und herschwenken. Die Blanchierzeit (siehe Tabelle Seite 91) nach dem Eintauchen des Gemüses wird vom Wiederaufkochen des Wassers an gemessen.
Anschließend das Gemüse sofort sehr rasch in dem Eiswasser abkühlen (im Sieb darin schwenken). Die Abkühlzeit entspricht der Blanchierzeit.
Das Gemüse gut abtropfen lassen und auf Küchentüchern abtrocknen. Dann wird es verpackt, etikettiert und sofort eingefroren.

So werden Pilze eingefroren

Junge, festfleischige Pilze eignen sich zum Einfrieren am besten. Zwei Methoden haben sich beim Einfrieren besonders bewährt:

- Die Pilze werden sauber geputzt, wenn nötig kurz gewaschen, trockengetupft, in Scheiben geschnitten und portionsweise eingefroren.
- Die geputzten, gewaschenen Pilze werden in Scheiben geschnitten und in einer Pfanne in Öl oder Butter einige Minuten geschmort, bis der Saft fast verdampft ist. Dann läßt man sie auskühlen, verpackt sie portionsweise und friert sie ein.

Kräuter als Tiefkühlvorrat

Auch im Winter brauchen Sie auf Küchenkräuter nicht zu verzichten, wenn Sie rechtzeitig einen Vorrat davon einfrieren. So ist das Einfrieren von Kräutern besonders einfach:

- Die Kräuter verlesen, möglichst nicht waschen oder sonst sehr gut trockentupfen und feinhacken (bei großen Mengen den elektrischen Schneidstab nehmen). Als Kräutermischung oder nach Sorten getrennt in Schraubgläser füllen und einfrieren. Die gewünschte Menge läßt sich leicht mit einem Eßlöffel herausstechen.
- Die Kräuter verlesen, von dicken Stielen befreien, eventuell waschen und trockentupfen. In Gefrierbeutel füllen und durchfrieren lassen. Anschließend mit dem Rollholz darüberrollen, so daß die Kräuter fein zerkrümeln. Dann in Gläser füllen und ins Gefriergerät stellen.

Fruchtsäfte

Nach einer weitverbreiteten Meinung gelten Obst- und Gemüsesäfte als besonders gesund, weil sie viele Vitamine enthalten sollen. Tatsächlich gehen zwar wasserlösliche Vitamine und Mineralstoffe der Früchte in den Saft über, doch in den Rückständen, dem Trester, bleiben eine Menge von Vitalstoffen zurück, die für den geregelten Ablauf des Stoffwechsels notwendig sind. Ein Teil dieser Wirkstoffe, Professor Kollath bezeichnet sie als »Auxone«, ist heute noch nicht in allen Einzelheiten erforscht. »Fest steht aber«, so Dr. Bruker, daß »die Vitamine ihre Wirksamkeit nur voll entfalten können, wenn zugleich die Auxone vorhanden sind.« Außerdem fehlen den Säften die wichtigen Ballaststoffe der ganzen Frucht. Obst- und Gemüsesäfte sind also nach Dr. Bruker »ein unvollständiges Teilnahrungsmittel, dem notwendige Wirkstoffe fehlen«.
Zu bedenken ist dabei auch, daß wir rohe Äpfel oder Möhren nur in einer begrenzten Menge essen können und es eine geraume Zeit dauert, bis das Obst oder das Gemüse im Körper entsprechend verarbeitet worden ist. Trinken wir hingegen Obst- oder Gemüsesäfte, wird der Organismus innerhalb kurzer Zeit mit den verschiedensten Stoffen wie Vitaminen, Mineralstoffen und Fruchtzucker geradezu überschüttet. Gesunde können dieses »Überangebot« zwar verkraften, bei Kranken sind jedoch Störungen möglich.
Durch Erhitzen (Pasteurisieren) haltbar gemachte Säfte sind in ihrer Substanz geschädigt: hitzeempfindliche Vitamine und pflanzliches Eiweiß leiden unter Temperaturen, wie sie zum Pasteurisieren nötig sind, ganz besonders. Enzyme werden bei einer Erhitzung über 60° völlig zerstört.
Selbstverständlich lassen auch wir unser Obst nicht umkommen, denn gerade bei Einladungen und Festen sind Fruchtsäfte oft mehr gefragt als alkoholhaltige Getränke. Man sollte sie aber immer mit einwandfreiem Quell- oder Mineralwasser mischen und nicht regelmäßig in großen Mengen als »Durstlöscher« trinken.

Das Entsaften

Prinzipiell lassen sich sowohl Gemüse als auch Obst zu Saft verarbeiten. Im allgemeinen wird man sich aber bei der Saftbereitung auf diejenigen Obst- und Beerensorten beschränken, die im Hausgarten in größeren Mengen anfallen oder die man von befreundeten Gartenbesitzern geschenkt bekommt – also Äpfel, Birnen, Johannisbeeren, Stachelbeeren und von den Wildfrüchten vor allem Holunderbeeren.
Zum Entsaften eignet sich nur tadelloses, frisches, reifes Obst. Es wird gründlich gewaschen und schlechte Stellen werden großzügig herausgeschnitten. Johannisbeeren können mit den Stielen entsaftet werden im Gegensatz zum Holunder! Die grünen Pflanzenteile und grüne Holunderbeeren enthalten Sambunigrin, einen Stoff, der Brechreiz verursacht. Vor dem Entsaften müssen also die Beeren von den Dolden abgestreift werden. Da auch reife Holunderbeeren roh leicht giftig sind, dürfen sie nur gekocht genossen werden. Das gleiche gilt natürlich für Holundersaft.

Geräte und Hilfsmittel für die Saftbereitung

Es gibt verschiedene Geräte, mit denen man Säfte herstellen kann, doch nicht alle sind für jede Obstart und für jeden Zweck gleich gut geeignet.

Elektrische Entsafter
Sie sind ideale Geräte für die Gewinnung von rohen Obst- und Gemüsesäften. Auch kleine Mengen an Äpfeln, Birnen und Beeren sowie Wurzelgemüse wie Möhren lassen sich damit rasch verarbeiten. Das Obst oder das Gemüse wird gründlich geputzt und gewaschen, wenn nötig

zerschnitten und mit Schalen und Kernen entsaftet. Die so gewonnenen Säfte sind naturtrüb. Sie schmecken besonders aromatisch und enthalten mehr gesundheitlich wichtige Stoffe als klare Säfte.
Am besten ist es, die Säfte, unerhitzt, sofort nach dem Entsaften zu trinken. Man kann sie aber auch einfrieren oder durch Pasteurisieren (siehe nächste Seite) haltbar machen.

Dampfentsafter
Diese Spezialtöpfe haben sich schon seit langem bei der Saftgewinnung im Haushalt bewährt. Das Verfahren eignet sich nur für weiches Obst, insbesondere für Beeren. Dabei wird in das untere Gefäß des Entsafters Wasser gegossen. Der obere Teil des Entsafters wird mit Obst (geputzt, gewaschen und wenn nötig zerkleinert) gefüllt. Nach dem Erhitzen steigt das Wasser als Dampf nach oben und löst den Saft aus dem Fruchtgewebe. Der erhitzte Saft muß rasch in vorgewärmte Flaschen abgefüllt werden. Man macht die Flaschen randvoll und verschließt sie sofort. Beim Abkühlen zieht sich der Saft zusammen, und es entsteht ein Vakuum in der Flasche. Der Inhalt ist somit praktisch keimfrei.

Saftpressen aus Holz
Hat man größere Mengen an Äpfeln oder Birnen zu verarbeiten, sind hölzerne Pressen, wie sie schon früher benutzt wurden, am praktischsten. Leider sind sie nicht billig, doch stehen zur Saison solche Geräte bei vielen Obst- und Gartenbauvereinen zur Verfügung. Man kann sie für geringes Entgelt benützen oder das Obst dort pressen lassen. Anschließend wird der abgepreßte Saft sofort pasteurisiert (siehe folgende Seite), um eine Gärung zu verhindern.

Saftgewinnung durch ein Tuch
Dies ist die einfachste Methode, wenn kein Entsafter vorhanden ist und nur kleinere Obstmengen zu Saft verarbeitet werden sollen. Die reifen Früchte werden zerteilt und mit wenig Wasser zu Mus gekocht; Beeren nur so lange, bis sie platzen und der Saft austritt. Gelegentlich umrühren, damit alles gleichmäßig duchwärmt wird. Eine neue, ausgekochte Windel über die Beine eines umgedrehten Hockers spannen und festbinden (siehe Zeichnung). Eine breite Schüssel darunterstellen, den Saft über Nacht abtropfen lassen und anschließend pasteurisieren.

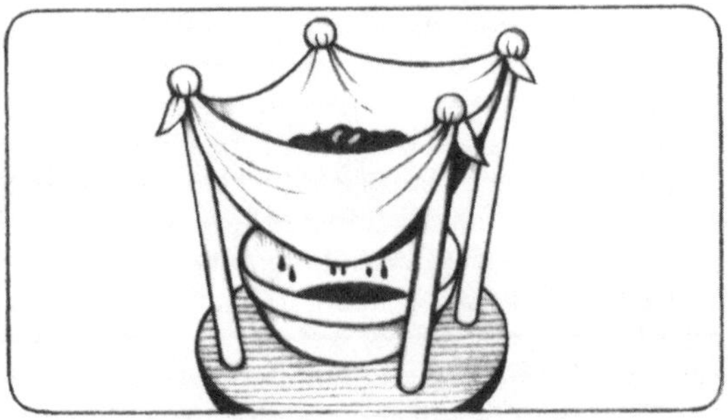

So haben schon unsere Großmütter entsaftet. Die Methode empfiehlt sich, wenn Sie nur gelegentlich kleine Mengen Obst zu Saft verarbeiten wollen.

Wichtig: Die Schüssel sollte aus Porzellan oder Edelstahl sein, da Obstsäuren Aluminium und auch manche Glasuren von Tongeschirren angreifen können, so daß unter Umständen gesundheitsschädliche Stoffe entstehen.

Gefäße für die Aufbewahrung von Fruchtsäften

Fruchtsäfte werden am besten in Flaschen aufbewahrt. Flaschen mit Bügelverschluß schließen absolut dicht. Achten Sie darauf, daß der Gummiring in Ordnung ist und richtig sitzt. Flaschen mit Twist-off-Verschluß sind ebenfalls zu gebrauchen. Um spätere Enttäuschungen zu vermeiden, sollten Sie genau prüfen, ob der Schraubdeckel und das Gewinde der Flasche noch in Ordnung sind: Füllen Sie dazu etwas Wasser in die Flasche und drehen Sie den Deckel so fest wie möglich zu. Stellen Sie die Flasche auf den Kopf. Dringt nach einiger Zeit kein Wasser heraus, dann ist der Verschluß dicht. Auch Weinflaschen ohne Schraubgewinde können zur Saftaufbewahrung verwendet werden. Man verschließt sie mit Gummikappen, die es in Haushaltsgeschäften zu kaufen gibt.
Vor der Verwendung müssen die Flaschen gründlich in sehr heißem Wasser gespült werden. Schraubdeckel, Gummiringe und Gummikappen werden durch kurzes Auskochen keimfrei gemacht.
Sollen heiße Säfte eingefüllt werden, müssen Sie die Flaschen in warmem Wasser vorwärmen, damit sie beim Einfüllen nicht zerspringen.
Sind die Flaschen abgekühlt, werden sie etikettiert, dann stehend, kühl und dunkel aufbewahrt.

Das Pasteurisieren von Saft

Frisch gepreßte Säfte beginnen sehr schnell zu gären. Will man sie für längere Zeit haltbar machen, müssen sie kurze Zeit erhitzt, also pasteurisiert werden, um schädliche Keime abzutöten. Für Fruchtsäfte genügt eine Temperatur von 78°. Gemüsesäfte müssen höher und längere Zeit erhitzt werden. Schon aus diesem Grund sollte man auf das Haltbarmachen von Gemüsesäften verzichten.
Für das Pasteurisieren im Haushalt gibt es zwei Möglichkeiten:
1. Der Saft wird im Kochtopf erhitzt, bis er die Temperatur von 78° erreicht hat, was man mit einem Thermometer leicht feststellen kann. Damit die Erwärmung möglichst gleichmäßig erfolgt, rührt man den Saft mit einem Kochlöffel um. Sobald 78° erreicht sind, wird der Saft mit einem Trichter in die vorgewärmten Flaschen abgefüllt. Die Flaschen müssen *randvoll* sein, damit jeglicher Luftzutritt ausgeschlossen ist. Anschließend werden die Flaschen sofort fest verschlossen und, vor Zugluft geschützt, stehend aufbewahrt, bis sie abgekühlt sind.
2. Die gründlich gespülten Flaschen werden bis 3 cm unter der Öffnung mit Saft gefüllt. Dann stellt man sie in einen Sterilisiertopf mit speziellem Einsatz. Der Topf wird so weit mit Wasser gefüllt, daß die Flaschen bis etwa 5 cm unter der Öffnung im Wasser stehen. Das Wasser wird erhitzt, bis die Temperatur des Saftes *in der Flasche* 78° erreicht hat. Man stellt dies mit einem langen Stabthermometer fest, das in die Flasche hineinreicht. Dann werden die Flaschen aus dem Wasserbad genommen und auf ein zusammengefaltetes Tuch oder ein Holzbrett gestellt, um einen Kälteschock zu vermeiden. Da sich der Saft während des Erhitzens ausdehnt, müssen die Flaschen jetzt *randvoll* sein. Ist dies nicht der Fall, gießt man noch etwas kochendes Wasser nach. Die Flaschen müssen sofort dicht verschlossen werden.
Will man größere Mengen Saft auf diese Weise haltbar machen, muß die nächste Partie gefüllter Flaschen im Wasserbad bereits auf mindestens 35–40° vorgewärmt werden, ehe sie in das jetzt bereits heiße Wasser im Topf kommt, um ein Zerspringen zu vermeiden.

Getränke und Desserts mit Säften

Frisch gepreßte oder schonend pasteurisierte Obstsäfte schmecken köstlich. Als Durstlöscher sollte man sie allerdings nicht ständig – und wenn, dann nur mit Wasser gemischt – trinken (siehe auch Seite 93). Doch wenn Besuch kommt, gibt es auch Ausnahmen. Gerade Kinder mögen naturtrübe Säfte besonders gern, ebenso Gäste, die mit dem Auto unterwegs sind und »ohne Promille« nach Hause kommen wollen. Im Sommer sind alkoholfreie Bowlen mit Fruchtsäften eine willkommene Erfrischung, und an kalten Wintertagen wärmen wir uns mit selbstgebrautem Tee- und Früchtepunsch auf. Fruchtkaltschalen und Desserts schmecken mit naturreinen Säften besonders aromatisch. Einige Anregungen dazu geben Ihnen die Rezepte in diesem Kapitel.

Apfel- oder Birnendicksaft

Ein Süßungsmittel, das in der Vollwertküche als Zucker-Alternative gilt. Dicksaft wird aus frisch gepreßtem Saft durch Eindicken gewonnen. Allerdings werden durch das stundenlange Kochen sämtliche Vitamine zerstört, die Mineralstoffe bleiben jedoch erhalten. Der Aufwand lohnt sich nur, wenn man Saft im Überfluß hat. Für 450 g Dicksaft braucht man etwa 3½ l frischen Apfel- oder Birnensaft – auch beide Sorten gemischt. Man läßt ihn unter gelegentlichem Rühren bei nicht zu starker Hitze einkochen, bis er die gewünschte Konsistenz erreicht hat.

Maibowle ohne Alkohol

2 kleine Sträußchen Waldmeister ohne Blüten · 1½ l Apfelsaft · Saft von 1 Zitrone · 1 Flasche Mineralwasser (0,7 l)

Zubereitungszeit: 5 Minuten
Zeit zum Durchziehen: 2–3 Stunden

Den Waldmeister etwas anwelken lassen, dann schmeckt er intensiver. Dann die Sträußchen zusammenbinden und so in den Apfelsaft hängen, daß nur die Blättchen, nicht die Stiele, hineintauchen. 2–3 Stunden ziehen lassen. • Die Sträußchen herausnehmen. Den Zitronensaft zufügen und mit gekühltem Mineralwasser aufgießen.

Sommerbowle

1 Zitrone (Schale unbehandelt) · 250 g kleine, reife Erdbeeren · 250 g Himbeeren · 2 Kiwis · ¼ l frisch gepreßter Orangensaft · 1 l Apfelsaft · 1 Flasche Mineralwasser (0,7 l)

Zubereitungszeit: 10 Minuten
Zeit zum Durchziehen: 2–3 Stunden

Die Zitrone heiß abwaschen und dünn abschälen. Die Erdbeeren waschen und die Stielansätze entfernen. Die Himbeeren verlesen. Die Kiwis schälen, halbieren und in Scheiben schneiden. • Alle Zutaten in dem Apfelsaft 2–3 Stunden zugedeckt kühl durchziehen lassen. Vor dem Servieren mit gut gekühltem Mineralwasser auffüllen.

Himbeer-Melonen-Bowle

1 reife Honigmelone · 1 Zitrone (Schale unbehandelt) · 250 g Himbeeren · 0,7 l Apfelsaft · 2 Eßl. Apfeldicksaft · 1 Flasche Mineralwasser (0,7 l)

Zubereitungszeit: 5 Minuten
Zeit zum Durchziehen: 3–4 Stunden

Die Melone schälen. Das Fruchtfleisch mit dem Kartoffelausstecher kugelförmig herausstechen oder in Würfel schneiden. Die Zitrone heiß abwaschen und dünn abschälen. Die Himbeeren verlesen, möglichst nicht waschen. • Die Melonenkugeln, die Zitronenschale und die Himbeeren in dem Apfelsaft zugedeckt 3–4 Stunden ziehen lassen. • Den Apfeldicksaft dazugeben und mit dem gut gekühlten Mineralwasser auffüllen.

Apfel-Johannisbeer-Mix

1 l Apfelsaft · ¼ l schwarzer Johannisbeersaft · 4 Eßl. Birnendicksaft · Mineralwasser

Zubereitungszeit: 5 Minuten

Alle Säfte mischen und nach Geschmack mit gut gekühltem Mineralwasser auffüllen.

Früchte-Tee-Punsch

3 Beutel Früchtetee · 6 Nelken · 1 Zimtstange · dünn abgeschälte Schale von 1 Zitrone (Schale unbehandelt) · ½ l Wasser · Saft von 1 Orange · 0,7 l roter Traubensaft · 0,7 l Apfelsaft · 2–3 Teel. Honig

Zubereitungszeit: 20–25 Minuten

Den Früchtetee, die Nelken, die Zimtstange und die Zitronenschale in dem Wasser aufkochen und auf der ausgeschalteten Herdplatte 10–15 Minuten ziehen lassen. • Den Tee absieben. Den Orangensaft, den Traubensaft und den Apfelsaft dazugießen. Den Punsch auf Trinktemperatur erhitzen. Nach Geschmack mit Honig süßen und heiß in entsprechende Gläser füllen.

Gewürzpunsch ohne Alkohol

6 Teel. Assam- oder Darjeeling-Tee · 6 Gewürznelken · 2 Zimtstangen · dünn abgeschälte Schale von 1 Zitrone (Schale unbehandelt) · 1 l Wasser · ¾ l Apfelsaft · ¼ l schwarzer Johannisbeersaft · 1–2 Teel. Honig

Zubereitungszeit: 10 Minuten

Den Tee mit den Nelken, den Zimtstangen, der Zitronenschale und dem Wasser aufkochen. 3 Minuten ziehen lassen. • Den Tee absieben. Den Apfelsaft und den Johannisbeersaft dazugeben und den Punsch auf Trinktemperatur erhitzen. Nach Geschmack mit Honig süßen und heiß in entsprechende Gläser füllen.

Holunder-Tee-Punsch

Holundersaft ist ein altbewährtes Hausmittel bei Erkältungskrankheiten! Der heiße Holunderpunsch schmeckt gut und wärmt an kalten Wintertagen.

½ l gewürzter Tee wie im Rezept »Gewürzpunsch« (oben) oder Apfelschalentee (Rezept Seite 70) · ½ l Holundersaft · Honig nach Geschmack

Zubereitungszeit: 15 Minuten

Den Tee mit dem Holundersaft mischen. Auf Trinktemperatur erhitzen und mit Honig abschmecken.

Schlehensaft

Bild Umschlag-Rückseite

Schlehensaft ist ein altbewährtes Hausmittel. Er fördert die Magensaftsekretion und regt den Appetit an. Die blauschwarzen Früchte pflückt man im Herbst nach den ersten Frostnächten, weil sie dann weniger herb sind. Die gleiche Wirkung erreichen Sie in der Kühltruhe.

1 kg Schlehen · 1–1½ l Wasser

Zubereitungszeit: 10 Minuten
Zeit zum Durchziehen: 6 Tage

Die Schlehen waschen und in ein Porzellan- oder Steingutgefäß füllen. Das Wasser aufkochen. So viel Wasser über die Früchte gießen, daß sie bedeckt sind. Zugedeckt 2 Tage an einem kühlen Platz ziehen lassen. • Den Saft absieben, aufkochen und wieder über die Beeren gießen. Weitere 2 Tage ziehen lassen, dann die Prozedur noch einmal wiederholen. • Anschließend den Saft absieben. Aufkochen lassen und in vorgewärmte kleine Flaschen mit Twist-off-Verschluß füllen. Die Flaschen sofort fest verschließen und einige Minuten auf den Kopf stellen, damit die Luft herausgepreßt wird. • Den Schlehensaft kühl und dunkel aufbewahren.

Tip: Morgens nach dem Aufstehen 1 Eßlöffel Schlehensaft, eventuell mit etwas Honig gesüßt, pur einnehmen oder in Kräutertee rühren.

Holundercreme

200 g Holundersaft · 200 g schwarzer Johannisbeersaft · 2 gestrichene Teel. Agar Agar · 200 g Sahne · 4 Eßl. Blütenhonig

Zubereitungszeit: 20 Minuten
Kühlzeit: etwa 30 Minuten

Den Holunder- und den Johannisbeersaft in einen Topf gießen. Das Agar Agar mit dem Schneebesen einrühren und unter Umrühren einmal aufkochen lassen. Dann die Masse ins kalte Wasser stellen, bis sie beginnt, dicklich zu werden. • Inzwischen die Sahne steif schlagen und in den Kühlschrank stellen. • Den Honig unter das abgekühlte Gelee rühren. Die Sahne bis auf 2 Eßlöffel voll so unterheben, daß eine rotweiße Marmorierung entsteht. Die Creme in eine Glasschale füllen und die restliche Sahne in der Mitte einrühren.

Rote Grütze mit Sahne

Mit Unigel (siehe Seite 80) schmeckt die rote Grütze besonders intensiv nach Früchten.

600 g Beeren oder anderes Obst · Honig nach Geschmack · ½ l Kirschsaft und roter oder schwarzer Johannisbeersaft gemischt oder anderer Saft nach Wahl · 1 Päckchen Unigel (30 g) · 1 Eßl. Honig · 200 g Sahne

Zubereitungszeit: 15 Minuten
Kühlzeit: 2 Stunden

Die Früchte vorbereiten, eventuell in Stücke schneiden. Nach Geschmack mit Honig mischen und in Portionsschalen anrichten. • Den Fruchtsaft mit dem Unigel und 1 Eßlöffel Honig verrühren, unter Umrühren aufkochen und 30 Sekunden kochen lassen. • Die Früchte mit dem kochenden Fruchtsaft übergießen. Die Dessertschalen sofort in den Kühlschrank stellen und nicht mehr bewegen, bis die Masse erstarrt ist. • Mit flüssiger Sahne servieren.

Holunderblüten-»Sekt«

Genaugenommen gehört dieser »Sekt« aus Holunderblüten nicht zu den Fruchtsäften. Doch da er lange haltbar ist und sehr erfrischend schmeckt, wollen wir Ihnen das Rezept nicht vorenthalten.
Zur Aufbewahrung eignen sich am besten dickwandige Sektflaschen. Sie müssen mit Sektkorken und Draht gut gesichert werden, weil der »Sekt« in der Flasche noch weitergärt. Auch Mineralwasserflaschen mit Schraubverschluß kann man nehmen. Weinflaschen sind nicht geeignet, weil sie bei der Gärung platzen können.

Zutaten für 3½–4 l:
3½ l Wasser · 100 g Blütenhonig · 7 Eßl. Apfelessig · 2 Zitronen (Schale unbehandelt) · 8–9 eben aufgeblühte Holunderdolden

Zubereitungszeit: 15 Minuten
Zeit zum Durchziehen: mindestens 24 Stunden
Haltbarkeit: 1–2 Jahre

Das Wasser in ein Steingutgefäß oder in einen großen Topf gießen. Den Honig und den Essig dazugeben. 1 Zitrone auspressen, die zweite Zitrone in Scheiben schneiden. Saft und Zitronenscheiben in den Topf geben. Die Holunderblüten von den dicken Stielen abschneiden und dazugeben. Alles umrühren. Den Topf zugedeckt an einen warmen Platz stellen. • Bereits nach 24 Stunden kann man den »Holundertrank« – am besten gut gekühlt – servieren. Er schmeckt dann blumig-fruchtig und ist eine herrliche Erfrischung an heißen Tagen. Eventuell muß er nochmals mit Honig oder Zitronensaft abgeschmeckt werden. • Für Holunder-»Sekt« den Ansatz noch 2–3 Tage stehen lassen, bis er zu moussieren beginnt. Den »Sekt« durch ein feines Sieb oder einen Kaffeefilter gießen, in Flaschen abfüllen und gut verschließen. Bereits nach etwa 4 Wochen kann der »Sekt« getrunken werden. Nach längerer Lagerung schmeckt er noch besser. Bei unserem Umzug fanden wir im Keller einige Flaschen, die schon 4 Jahre alt waren, und sie schmeckten köstlich! Nach Auskunft von Experten enthält der »Hollersekt« übrigens keinen Alkohol.

Varianten: Nach Wunsch kann man den Sekt auch mit einem Schuß Apfelsaft oder Mineralwasser mixen oder einige Eiswürfel aus Orangensaft ins Glas geben.

Löwenzahnblüten-»Sekt«

Unsere große, mit goldenen Löwenzahnblüten übersäte Wiese verlockte uns dazu, die Blüten zu einem erfrischenden Getränk anzusetzen. Es schmeckte uns noch besser als der »Hollersekt« und ist an warmen Tagen eine köstliche Erfrischung. Kinder mögen die »Löwenzahn-Limonade« besonders gern, noch unvergoren.

Zutaten für etwa 3½ l:
3½ l Wasser · 60–80 g Blütenhonig · 6 Eßl. Apfelessig · Saft von 1½ Zitronen · 1 Zitrone (Schale unbehandelt) in Scheiben geschnitten · 100 eben aufgeblühte Löwenzahnblüten ohne Stiel

Zubereitungszeit: 15 Minuten
Zeit zum Durchziehen: mindestens 24 Stunden
Haltbarkeit: 1–2 Jahre

Der »Sekt« wird genau wie im vorangegangenen Rezept zubereitet. Man kann ihn bereits nach 24 Stunden probieren oder in Flaschen abfüllen, wenn er zu moussieren beginnt.

Heißeinfüllen statt sterilisieren

Das »Heißeinfüllen« ist eine einfache und sichere Methode, um Stein- und Kernobst für längere Zeit haltbar zu machen. Auch Rhabarber und feste Beeren, wie zum Beispiel halbreife Stachelbeeren, können auf diese Weise konserviert werden. Bei Gemüse hingegen kann man diese Methode nicht anwenden, es muß länger und höher erhitzt, also sterilisiert werden.
Das Heißeinfüllen entspricht etwa dem Pasteurisieren (siehe Seite 95). Gegenüber dem Sterilisieren auf übliche Art hat es mehrere Vorteile:

- Die Früchte werden nur kurze Zeit erhitzt. Hitzeempfindliche Vitamine und andere Inhaltsstoffe werden dadurch weniger geschädigt. Geschmack, Farbe und Aroma bleiben besser erhalten.
- Der Arbeits- und Energieaufwand hält sich in vernünftigen Grenzen. Auch kleine Obstmengen, beispielsweise nur ein Glas, können haltbar gemacht werden.
- Heiß eingefülltes Obst bleibt über 1 Jahr haltbar. Es schmeckt frischer als jedes Kompott. Da aber der Vitamingehalt bei längerer Lagerung abnimmt, sollte man die Vorräte spätestens bis zur nächsten Ernte aufbrauchen.
- Im Gegensatz zu tiefgefrorenen oder getrockneten Früchten ist heiß eingefülltes Obst jederzeit sofort servierbereit.

Was braucht man zum Heißeinfüllen?

Zum Heißeinfüllen kann man die üblichen Einmachgläser mit Gummiring, Deckel und passendem Metallbügel verwenden. Vorteilhaft sind Gläser, deren Deckel *in* das Glas hineinreicht; dadurch wird der Einschluß von Luft im Glas selbst vermieden. Auch Gläser mit Twist-off-Deckel eignen sich, sofern sie dicht schließen. Das läßt sich leicht feststellen, indem man etwas Wasser in die Gläser füllt, sie fest zuschraubt und auf den Kopf stellt. Tritt kein Wasser aus, sind sie dicht.
Praktisch ist ein breiter Einfülltrichter, damit beim Einfüllen der Rand der Gläser sauber bleibt.

Das Vorbereiten der Früchte

Nur tadellose, reife aber noch feste Früchte eignen sich zum Heißeinfüllen:
Süß- und Sauerkirschen, Mirabellen und Reineclauden werden am besten mit Stein eingefüllt, weil entsteinte Früchte eher zerkochen.
Zwetschgen können mit oder ohne Stein eingefüllt werden. Wir bevorzugen Zwetschgen mit Stein, weil die Früchte so weniger durch das Erhitzen leiden und frischer schmecken.
Aprikosen und Pfirsiche werden halbiert und entsteint.
Stachelbeeren befreit man von Stiel und Blütenansatz.
Rhabarber wird in Stücke geschnitten.
Äpfel und Birnen werden geschält und in Schnitze oder Stücke geteilt. Das Kernhaus wird entfernt.
Unsere Versuche, Apfel- und Quittenmus durch Heißeinfüllen haltbar zu machen, waren nicht sehr befriedigend. Das Mus begann nach einigen Wochen zu gären und zu schimmeln.

Das Einfüllen der Früchte

Es geht in mehreren Schritten vor sich:

- Zunächst das Obst, wie oben beschrieben, vorbereiten. Bei Früchten, die zerkleinert werden, richten wir nur kleinere Mengen her, um eine Verfärbung (Oxidation) zu vermeiden.

- Inzwischen Gläser, Deckel und Gummiringe beziehungsweise Schraubverschlüsse in 60–70° heißem Wasser vorwärmen.
- Die Honiglösung herstellen: Je nach Säuregehalt der Früchte sind pro 1 l Wasser 100–200 g Honig erforderlich. Nehmen Sie dazu Blütenhonig ohne ausgeprägten Eigengeschmack. Aromatischer schmeckt das Obst, wenn man statt Wasser Fruchtsaft, zum Beispiel Apfel- oder Birnensaft, nimmt. Ganz nach Geschmack kann man die Honiglösung noch mit Zimtstangen, Gewürznelken oder Ingwerstückchen aromatisieren. Zum Zufüllen für ein Literglas braucht man etwa 0,3–0,4 l Honiglösung.
- Die Flüssigkeit in einer Stielkasserolle zum Kochen bringen. Inzwischen die Obstmenge für ein Glas in einem Litermaß ungefähr abmessen. Das Obst in die kochende Lösung geben und einige Minuten (siehe nebenstehende Tabelle) kochen lassen.
- Ein vorgewärmtes Glas im Wasserbad ausleeren, aber noch im heißen Wasser stehenlassen. Den Trichter aufsetzen. Die Früchte mit einem Schaumlöffel aus der Honiglösung nehmen und das Glas bis 2 cm unter dem Rand damit füllen. Den Inhalt mit einem Löffel vorsichtig zusammendrücken.
- Die kochende Honiglösung zugießen, bis das Glas *randvoll* ist. Sofort mit nassem Gummiring, Deckel und Klammer verschließen oder den Schraubdeckel fest zudrehen.
- Das Glas aus dem Wasserbad nehmen und auf ein Tuch oder Holzbrett stellen. Gläser mit Schraubverschluß oder mit aufwärts gewölbtem Deckel einige Minuten auf den Kopf stellen, damit die Luft herausgedrückt wird.
- Die Honiglösung in der Kasserolle ergänzen und das nächste Glas ebenso füllen.
- Die abgekühlten Gläser außen mit einem nassen Lappen von eventuell vorhandenen Saftresten reinigen. Mit Etiketten versehen und kühl und dunkel lagern.

2–3 Tage nach dem Einfüllen bei Weckgläsern die Klemmbügel abnehmen und kontrollieren, ob die Gläser fest verschlossen sind. Auch während der nächsten Wochen ist eine regelmäßige Kontrolle notwendig. Nicht geschlossene Gläser müssen möglichst bald verbraucht werden.

Das Heißeinfüllen von Obst auf einen Blick

Frucht	Vorbereitung	Kochzeit in Minuten
Äpfel	schälen, Schnitze oder Stücke schneiden, entkernen	2–3
Aprikosen	halbieren, entsteinen	2–3
Birnen	schälen, vierteln, entkernen	2–4
Kirschen	ganz, mit Stein	1
Mirabellen	ganz, mit Stein	2
Pfirsiche	halbieren, entsteinen	3–4
Renekloden/ Reineclauden	ganz lassen oder halbieren, entsteinen	2–3
Rhabarber	in Stücke schneiden	2
Stachelbeeren (halbreif)	Blüte und Stielansatz entfernen	1
Zwetschgen	ganz lassen oder halbieren, entsteinen	2–3

Die genaue Kochzeit hängt ab von der Größe der Früchte beziehungsweise der Fruchtstücke und ihrem Reifegrad. Die Früchte sollen durchgehend erhitzt werden ohne zu zerkochen.

Rezept- und Sachregister

Kursiv gesetzte Seitenzahlen verweisen auf Farbbilder.

Rezept- und Sachregister

Rezept- und Sachregister

Bezugsquellen

Dörrapparate: Reformhäuser, Naturkostläden, Haushaltwarengeschäfte und Naturkost-Versandhandel. Informationen bei Aktiengesellschaft Sigg (Dörrex). Metallwarenfarbrik, CH-8500 Frauenfeld, und Electrostar Schöttle GmbH (Starmix-Vitasafe), 7313 Reichenbach/Fils.
Gärtopf: wie Dörrapparate. Informationen bei Steinzeugwerk Harsch KG, 7518 Bretten.
Gewürze: Delikata, Delifrut, Picata, Schabzigerklee (Brecht-Gewürze) sind im Reformhaus erhältlich.
Topinambur: Topinambur-Saatzucht Niedersachsen, Sandstr. 16, 3105 Müden/Örtze.
Unigel: Biogarten, Freisinger Landstr. 44, 8000 München 45.
Winterkresse, Apfelminze u. a. Samen aus biologischem Anbau: Blauetikett Bornträger GmbH, Wormser Str. 1, 6521 Offstein.